# 화통의 기술

## THE ART OF BUSINESS COMMUNICATION

by Graham Shaw

畵그려서, 通통하는

# 화통의 기술

그레이엄 쇼 지음

김영수 옮김

인간희극

# Contents

# 시작하면서

　이 책의 목적은 명확하다. 독자들이 단순한 취미용으로 그림을 그리는 것이 아니라, 다른 사람과의 소통을 위해 그림을 적극적으로 활용하게 만드는 것이다. 더불어 이 아날로그적인 방식이 일대일 대화, 팀 미팅, 프레젠테이션, 교육 및 코칭 과정 등 다양한 상황에서 여전히 굉장한 정보 전달력을 발휘한다는 것을 보여주려고 한다. '그림 그리기' 라고 하면 일단 부담감부터 느끼는 사람들이 많다. 그러면 일단 이 책을 주르륵 넘겨보면서 수록되어 있는 그림들만 확인해 보자. 그렇다. 우리는 레오나르도 다빈치 같은 거장들의 그림을 흉내 내려는 것이 아니다. 당신의 생각을 상대방에게 효율적으로 전달하는 데 도움이 되는 그림 그리기에만 정확하게 초점을 맞출 것이다.

　미리 정성껏 그림을 그려서 상대방에게 보여주는 것도 좋지만 아무래도 소통을 위한 그림 그리기는 상대방이 보는 앞에서 '실시간' 으로 그려야 제대로 된 효과를 발휘할 수 있다. 상대가 보는 앞에서, 그리고 말로 설명하면서 동시에 그림을 그리면 여러 가지 장점이 있다. 종이 위에서 펜을 움직이는 행동 자체가 사람들의 시선을 붙잡아두는 효과가 있고, 그림이라는 매개체가 주는 편안하고 좋은 인상이 계속 상대방에게 남아 있게 된다. 이 말은 곧 그림을 통해 전달하려 했던 당신의 메시지를 상대방이 훨씬 더 잘 기억하게 된다는 의미이다.

그림을 그리고 있는 이 캐릭터의 이름은 스파이크.
스파이크는 이 책을 읽는 내내 당신의 그림 친구가 되어 줄 것이다.

그런데 요즘 같이 사용하기 쉬운 그래픽, 혹은 프레젠테이션 프로그램들이 많은 시대에 정보를 전달하려는 목적으로 굳이 손그림을 그릴 필요가 있을까 싶기도 할 것이다. 나는 컴퓨터가 없었던 이전 시절로 돌아가자는 제안을 하고 있는 것이 아니다. 디지털 그래픽의 발달은 우리에게 거의 무한대의 정보전달 방법들을 제시하고 있는 것이 사실이다. 그럼에도 불구하고 나는 여전히 손으로 그림을 그리면서 자신의 생각을 전달하는 방식이 더 우월한 부분이 있다는 것을 강조하고 싶은 것이다. 더구나 디지털 그래픽과 손그림은 상호배타적인 것이 아니다. 각각의 장점을 잘 배합하면 좀더 드라마틱하게 당신의 생각을 전달할 수 있다. 예를 들어, 파워포인트로 주욱 이어지는 프레젠테이션 도중에 잠시 불을 켜고, 화이트보드에 손으로 그림을 그리면서 당신의 핵심 메시지를 전달한다면 아주 인상적이면서도 기억에 잘 남는 프레젠테이션이 될 것이다.

지난 십수 년간 프레젠테이션 코칭을 해오면서 나는 그림 그리기에 대한 갈망을 고백하는 수많은 사람들을 만났다. 그들은 본능적으로, 손으로 그림을 그리는 것이 상대방에게 좋은 인상을 주고 세련되어 보인다는 걸 알고 있었다. 그런데 문제는 그림솜씨가 없어서 그럴 수 없다는 아쉬움 내지 하소연들이었다. 그런 말들이 내가 이 책을 쓰게 된 원동력이 되었다. 나는 이 책을 통해 단지 몇 번만 연습해보면 따라 그릴 수 있는 단순한 그림들로도 얼마든지 기억에 남고 세련되어 보이는 프레젠테이션이 가능하다는 걸 보여주고자 한다. 만약 당신이 다음과 같은 것들을 배우는 데 관심이 있다면 이 책은 바로 당신을 위한 책이다.

✎ 그림으로 상대의 시선을 붙잡아 두고 싶은가?
✎ 당신의 말을 상대방이 잘 기억하게 만들고 싶은가?
✎ 상대방을 당신의 아이디어에 동참시키고 싶은가?
✎ 팀원들 간에 원활한 소통이 이뤄지길 바라는가?
✎ 차별화된 프레젠테이션을 하고 싶은가?

당신이 그림에 소질이 있으면 좋다. 그러나 소질이나 경험이 없어도 전혀 상관없다. 지금부터 당신이 할 일은 다음 두 가지다.

✓ 일단 그려보자― 얼마나 실력이 빨리 늘 수 있는지 이 책이 증명해줄 것이다.
✓ 마음을 열어라― 마음은 낙하산과 같아서 활짝 열려 있을 때 제 기능을 다 할 수 있다. 열린 마음이 되었을 때 훨씬 더 빨리 배우고, 훨씬 더 빨리 발전한다는 점을 기억하자.

자, 더 이상 지체할 것 없이 바로 시작해보자. 흔히들 사람 그리는 게 제일 어렵다고 하지만 지금 펜을 들고 다음의 순서에 따라서 우리의 캐릭터 스파이크를 그려보자. 그리고 당신의 그림 솜씨에 스스로 감탄해 보자.

그리는 순서를 지키면서 당신이 직접 스파이크를 탄생시켜 보자.

둥그렇게 코부터 그린다.

큰 따옴표 모양으로 눈을 그린다.

미소짓는 입을 그린다.

둥그런 귀를 그리고, 선 하나를 추가하여 귓바퀴를 좀더 디테일하게 표현한다.

위로 뻗친 머리카락을 그린다.

코 아래서부터 부드러운 곡선을 그어서 옆 얼굴을 표현한다.

귀 바로 아래부터 시작되는 선을 하나 내리그어서 뒷목을 표현한다.

목 둘레에 둥그런 선으로 티셔츠 칼라를 그린다.

칼라에서 옆으로 이어지는 선으로 어깨를 그린다.

반대쪽에 나머지 어깨를 그린다.

스파이크를 그릴 수 있으면 이 책에 있는 다른 모든 그림들도 그릴 수 있다. 아니, 사실 스파이크보다 더 쉬운 그림들도 많다. 스파이크를 그릴 수 있는 당신에겐 그림으로 상대방과 소통할 수 있는 능력이 다분하다.

## 그림의 힘

*그림은 백 마디 말을 압축한다.*

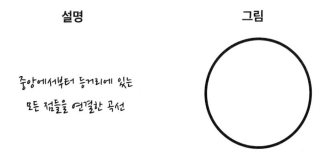

| 설명 | 그림 |
|------|------|
| 중앙에서부터 등거리에 있는 모든 점들을 연결한 곡선 | |

토니 부잔(Tony Buzan)은 그의 세계적인 베스트셀러 『마인드맵 북 *Mind Map Book*』에서 왜 그림이 그토록 강력한 소통 수단인가에 대한 통찰력 있는 설명을 한 바 있다.

"색, 형태, 선, 면, 질감, 시각적 리듬, 그리고 상상을 불러일으키는 힘까지, 그림에는 우리의 사고체계와 기억력을 담당하는 대뇌피질이 좋아하는 것들이 총망라되어 있다."

따라서 나는 이 책을 통해 말과 생각을 그림으로 전환하는 당신의 능력을 일깨워주는 데 주력할 것이다.

## *그림과 기억은 궁합이 잘 맞는 친구다.*

그림이 우리의 기억 속에 놀랍도록 쉽게, 또 오랫동안 머무르는 현상에 관한 많은 연구들이 있다. 그 중에서 나는 랄프 하버(Ralph Haber)와 레이먼드 니커슨(Raymond Nickerson)의 연구를 각각 소개하려고 한다. 랄프 하버는 1970년, 『사이언피틱 아메리칸 *Scientific American*』에 두뇌의 그림 인식력에 대한 연구결과를 발표했다. 그는 피실험자들에게 매 10초마다 1개씩 총 2560개의 슬라이드 그림을 보여주는 테스트 방법을 고안했는데, 이 테스트는 며칠에 걸쳐 나뉘어서 진행됐지만 순수하게 슬라이드를 보여주는 데만 걸린 시간은 총 7시간 남짓이었다. 테스트 마지막날 모든 그림들을 보여준 뒤 정확히 1시간 후에 랄프 하버는 사람들이 지금까지 본 그림들을 얼마나 기억하고 있는지 테스트하기 시작했다. 이전에 보았던 그림 1개와 새로운 그림 1개를 묶은 총 2560쌍의 슬라이드를 보여주면서 어떤 그림이 이미 본 그림인지 말하도록 하는 방식이었다. 정확도는 무려 평균 85~95%였다.

랄프 하버는 추가적으로, 그림을 보여주는 주기를 10초에서 1초로 줄이는 실험과, 피실험자에게 혼동을 주기 위해 슬라이드를 뒤집어서 거울이미지로 된 그림을 다시 보여주는 실험도 했지만 정확도에는 변함이 없었다. 이 실험이 우리에게 시사하는 바를 구구절절이 설명하는 것보다는 랄프 하버가 내린 다음과 같은 결론을 알려드리는 게 여러분께 더 와닿을지도 모르겠다.

"시각적인 자극제를 이용한 이 실험은 우리 뇌의 그림 인식력이 완벽에 가깝다는 걸 보여준다."

## 손그림이 더 잘 기억되는 이유

우리에게 더 인상적인 연구는 『캐나다 심리학 저널 *Canadian Journal of Psychology*』에 발표됐던 레이먼드 니커슨의 것이다. 그는 랄프 하버와 비슷한 방식으로 피실험자들에게 그림을 보여주었는데, 다만 그가 활용한 그림들은 강한 개성이 묻어있는 손그림들이었다. 그러자 이전에 보았던 그림과 새로운 그림을 구별해 내는 피실험자들의 정확도는 99.9%까지 치솟았다. 어떤 정확성이 완벽에 가까워질수록 한 단계 더 나아가기 위해선 뭔가 현격하게 다른 요인이 필요한데, 랄프 하버의 연구 결과보다 더 높은 정확도가 나왔다는 건 손그림의 두뇌 인식률이 일반적인 그래픽보다 훨씬 더 높다는 걸 보여주는 것이다.

위와 같은 두 가지 연구결과들은 우리가 어떤 정보나 메시지를 전달하려고 할 때 그림을, 특히 손그림을 이용해 볼 만한 충분한 이유들을 제공하고 있다. 자신의 말이 상대방에게 이해하기 쉽게 전달되고 오래 기억되기를 바란다면, 손으로 직접 그린 그림이 그 바람의 많은 부분들을 충족시켜줄 수 있

기 때문이다. 언변에 자신이 있어서 말만으로도 자신의 생각과 의견을 충분히 전달할 수 있다고 생각하는 사람들도 예외는 아니다. 왜냐하면 우리의 뇌는 단 하나의 소스로 기억을 받아들이지 않기 때문이다. 어떤 음악을 들으면 그 음악을 함께 들었던 사람이나 상황, 그리고 그때의 기분이 함께 떠오르는 것처럼 '기억'은 여러 가지 소스를 연결시키는 두뇌의 한 기능이라고 표현해도 틀린 말이 아니다. 따라서 그냥 말로만 설명하는 것보다 그 말과 함께 연결시킬 수 있는 다른 소스들, 즉 당신이 펜을 움직이는 모습, 그림의 형태, 색깔 등을 제공했을 때 상대방은 당신의 말을 훨씬 더 잘 흡수하고 기억하게 될 것이다.

  아주 간단한 그림만으로도 이런 효과들을 누릴 수 있는데 그림 그리기가 낯설다는 이유만으로 외면하기에는 너무 아까운 일이다.

## 그림을 보면서 듣기와 글을 읽으면서 듣기

어린 아이들에게 동화책을 읽어줄 때를 생각해 보자. 아이들은 동화책 속 그림들에 시선을 두고 있지만 부모가 읽어주는 소리도 잘 들으면서 즐겁게 이야기 속으로 빠져든다. 우리가 뉴스를 시청할 때에도 마찬가지다. 현장중계나 자료 화면에 집중하면서도 음성으로 전해지는 기자의 브리핑을 이해하는 데 전혀 문제가 없다. 오히려 화면과 음성이 함께 조화를 이루면서 새로운 정보들이 더 효과적으로 기억 속에 흡수된다.

그러나 화면에 있는 글을 읽으면서 설명을 듣는 것은 또 다른 문제다. 뉴사우스 웨일즈 대학교의 연구결과에 따르면 사람들은 글을 읽거나, 말을 듣거나 둘 중의 하나만의 방법으로 정보를 받아들일 수 있다고 한다. 그림을 보면서 말을 들을 수 있는 것과는 달리, 글을 읽으면서 말을 듣는 것은 동시에 하기 어렵고, 할 수 있다고 해도 정보흡수율이 현저하게 떨어진다는 것이다. 그런데 유감스럽게도 우리가 경험하게 되는 대부분의 프레젠테이션들은 이점을 간과하고 있다.

글을 잔뜩 적어놓은 슬라이드들을 넘기면서 발표자는 열심히 설명하지만, 뉴사우스 웨일즈 대학교의 연구결과에 따르면 이것만큼 비효율적인 정보전달 방법이 없다. 상대방이 슬라이드에 적힌 글을 읽는 동시에 당신의 말을 들어줄 것을 기대하는 건, 마치 뚜껑이 닫힌 유리병에 설탕을 들이부으면서 설탕이 유리병 속에 보관되기를 바라는 것과 같다. 당신이 전달하려는 달콤한 정보들을 상대방의 귓속으로 들어가지 못하고 바닥으로 흘러내릴 뿐이다.

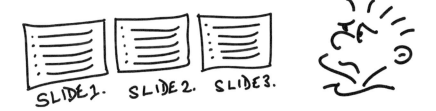

물론 슬라이드에 들어가는 글을 최대한 줄여서 핵심적인 한 문장, 혹은 중요항목 몇 가지로 정리하면 정보전달 효과는 한결 나아질 것이다. 그러나 아무리 잘 정리된 항목들도 슬라이드 몇 장으로 쓱쓱 지나가면 다 똑같아 보일 뿐이다. 이럴 때 각 항목들 옆에 간단한 그림을 덧붙여서 서로 확연히 구분되도록 만들면 어떨까? 이 책에서는 당신이 심혈을 기울여 정리한 중요항목들에 적절한 그림을 덧붙여서 상대의 지루함을 덜어주고, 단조로움보다는 다양성을 사랑하는 우리의 뇌가 기억의 문을 활짝 열도록 만드는 방법들도 알아볼 것이다. 이 밖에도 우리가 앞으로 배울 것들은 다음과 같다.

✎ 소통을 위한 그림 그리기 실력을 쌓아보자. 책에 예시되어 있는 단순한 이미지와 상징들을 따라 그리다 보면 우리에게 필요한 그림들을 얼마나 쉽게 그릴 수 있는지 깨닫게 될 것이다.

✎ 그림에 당신의 생각을 불어넣는 방법을 배워보자. 아이디어가 시각적으로 펼쳐졌을 때, 당신은 그 아이디어를 더욱 효과적으로 발전시킬 수 있고, 상대방은 당신의 생각을 정확하게 볼 수 있을 것이다.

✎ 그림으로 대화하는 다양한 방법과 프레젠테이션에 필요한 도구들에 대해서 알아보자. 그리고 당신이 그린 그림에 더욱 힘을 실어주는 여러 가지 화법과 쌍방향 소통을 이끄는 질문법에 대해서도 알아보자.

✎ 혼자서 그림을 그리는 것도 좋지만 함께 그리면 소통의 속도는 더욱 빨라진다. 팀원들과 함께 그림을 그리면서 공통의 시각 언어를 만들어 나가는 방법에 대해서 알아보자.

✎ 아무리 복잡한 개념이나 수치들도 단순한 이미지로 전환하는 것이 가능하다. 비즈니스 모델과 프로세스, 그래프와 차

트, 비주얼 맵 등을 손으로 그려보면서 당신의 생각이 어떻게 전개되는지, 그리고 개선점은 없는지 '눈'으로 직접 확인해 보자.

## 백견이 불여일획-백번 보는 것보다 한번 그리는 게 낫다

많은 사람들에게 그림 강의를 하면서 자주 드는 생각은 '이 사람들 어지간히도 엄살 피웠구만!' 하는 것이다. 자신은 그림에 전혀 소질이 없다고 하소연하던 사람들도 어떻게든 손에 펜을 쥐게 만들면 꽤나 그럴듯하게 그림을 그려내기 때문이다. 스파이크를 그려 본 뒤에 이렇게 쉽게 사람을 그릴 수 있다니, 하면서 자신의 그림을 뿌듯하게 바라보는 사람들의 반응을 보는 것도 즐겁다. 일단 펜을 들고 그려보면 모든 것이 달라진다. 여러분들도 수동적인 마음은 잠시 접어두고, 다음과 같이 이 책을 적극적으로 활용하기를 바란다.

✎ 책을 펼칠 때는 언제나 손에 연필이나 펜을 들고 있자. 책의 빈 여백에도 좋고 이면지에도 좋고, 반드시 당신의 손으로 그림들을 직접 그려보자. 그냥 보는 것과 직접 그려보는 것은 완전히 다른 차원의 세상이다.

✎ '잘 그릴 수 있을까' 라는 생각 대신, 당신의 관심을 사로잡는 이미지는 무엇이든지 무턱대고 그려보자.

✎ 그림 그리는 법은 머리로 기억하는 것이 아니라 손으로 기

억하는 것이다. 틈틈이 연습하다 보면 손이 먼저 제 갈 길을 찾아 종이 위를 움직일 것이다.

✎ 처음에는 어설프고 실수하는 게 당연하다. 실수를 겁내면 발전도 없다.

✎ 무엇보다 즐겨야 한다. 그림 그리는 것이 즐겁지 않다면 그림을 통한 소통도 즐거울 리가 없다.

누군가 물을지도 모른다. 왜 파워포인트나 키노트 같은 좋은 프로그램을 나두고 손으로 그림을 그리는 유난을 떠느냐고 말이다. 그래도 당신은 묵묵히 그리면 된다. 스스로 즐길 수만 있다면, 당신의 유난은 곧 소통을 위한 진지한 노력으로, 당신의 그림은 기억에 남는 시도로 평가받게 될 것이다. 나는 그림의 힘을 믿는다. 그동안 수많은 강의들을 통해, 처음에는 낯설고 의아해 했지만 결국 그림으로 자신의 생각을 자유롭게 표현하게 된 많은 사람들을 만났다. 이 책의 독자들도 그렇게 되리라고 믿어 의심치 않는다.

자, 이제 스파이크의 안내를 따라
소통을 위한 그림 여정을 떠나보자!

# 그림에 소질이 없다구요?

어떤 아이디어를 그림으로 풀어낸다는 것은, 달리 말하면 물리적인 사물이나 추상적인 개념을 하나의 이미지를 그려낼 수 있다는 말일 것이다. 그러기 위해서 우리는 다음과 같은 것들을 그려서 활용할 필요가 있다.

- ✎ 단어 (words)
- ✎ 사람 (people)
- ✎ 형태 (shapes)
- ✎ 상징 (symbols)

## 단지 몇 개의 선이면 충분하다.

그런데 그림을 그리라고 하면 겁부터 먹는 사람들이 많다. 잘 그린다는 칭찬은 받지 못하더라도, 적어도 다른 누군가가 알아먹을 수 있는 그림을 그리려면 세세한 부분까지 모두 정확하게 표현해야 한다는 선입견 때문이다. 그러나 오히려 그 반대다. 역설적으로 말하자면, 대충 그릴수록 더 좋은 그림이 될 때도 많다. 당신은 이제 곧 '알아먹을 수 있는 그림을 그리기 위해서 필요한 선들이 고작 이 정도 뿐이었단 말이야?' 하면서 놀라게 될 것이다. 물론 이것은 의미를 만들어내는 데 탁월한 능력을 가진 우리들의 두뇌 덕분이다. 인간의 뇌는 아주 제한적인 시각 정보만으로도 어떤 형태를 완성시켜서 인식하는 데 능숙하다. 예를 들어 점 세 개만 적절하게 배치해도 뇌는 그것을 사람의 얼굴로 받아들이는 데 아무런 거리낌이 없어서, 우리는 아주 경제적인 방법으로도 뭔가 의미를 담고 있는 그림들을 그려낼 수 있다.

이런 그림 그리기의 경제성은 당신이 미술을 전공하지 않았어도, 전에는 한번도 그림을 그려본 경험이 없어도 소통을 위한 그림을 그리는 데에는 아무런 문제가 되지 않는다는 것을 의미한다. 그려야 할 선들이 적어질수록, 누구나 그림을 잘 그릴 수 있는 확률은 그만큼 점점 높아지기 때문이다.

*그럼, 이제 시작해보자.*

이제부터 나오는 내용들을 차근차근 따라해 본다면 당신은 어느새 그림 실력이 쌓이고, 그림으로 생각하는 방법에 눈을 뜨게 될 것이다.

# 사람-얼굴, 그리고 감정을 드러내는 표정들

우리의 캐릭터 스파이크를 다시 등장시켜보자. 스파이크를 그리는 순서를 잘 기억하고 있다면 이번에는 스파이크에게 여러 가지 표정을 선사해 보자. 서로 다른 감정을 전달하는 표정들을 그리는 것 역시 아주 단순하다.

## *따라 그리기*

먼저 스파이크를 다시 한번 그려보자. 스파이크를 그리는 순서가 자연스럽게 손에 익을 때까지 연습해 보자. 어쩌면 당신은 스파이크를 그릴 때마다 똑같게 그려지지 않는다는 걸 불평할지도 모른다. 그러나 우리의 목표는 완벽한 그림이 아니다. 우리가 원하는 건 어떤 아이디어를 전달하는 데 최적화된 그림일 뿐이다. 또한 다른 모든 것들처럼 그림 그리는 것도 처음부터 완벽할 수는 없다. 그리는 연습을 하면 할수록, 점점 균일한 선들을 그려낼 수 있을 것이다.

당신은 이미 수천 가지 캐릭터를 그리는 법을 배웠다. 믿겨지지 않겠지만 실제로 그렇다. 캐릭터를 그리는 비법은…

*그것을 그리는 순서 안에 있기 때문이다.*

단지 스파이크라는 캐릭터를 그리는 법만을 배웠다고 생각하겠지만, 사실 스파이크를 그리는 순간 당신은 이미 여러 가지 표정과 감정을 가진 수많은 캐릭터들을 그려낼 수 있는 기술까지 배운 것이다. 그리는 순서만 그대로 지키면서 선들을 약간씩 변경하면 스파이크와는 전혀 느낌이 다른 당신만의 캐릭터를 탄생시킬 수 있다. 예를 들어 입모양을 조금 아래로 쳐지게 그린다거나 머리카락을 조금만 변경해도 캐릭터의 성별이나 인상을 바꾸는 것이 가능하다. 다음은 단순한 방법으로 스파이크에게 다양한 표정을 선사하는 모습이다. 이 방법들은 당신이 새롭게 만든 캐릭터에도 적용할 수 있다.

### *따라 그리기*

입을 아래로 쳐지게 그리면 못마땅하거나 우울한 표정의 스파이크가 된다.

검은색 동그라미로 입을 표현하면 놀라는 표정의 스파이크가 된다.

작은 점으로 입을 표현하면 뭔가 곤란하거나 어리둥절한 표정의 스파이크가 된다.

　　다른 부분들은 다 똑같지만 이렇게 입모양만 살짝 바꿔도 표정에 엄청난 변화가 생긴다는 게 놀랍지 않은가? 이것이 바로 단순한 그림의 힘이다. 우리는 이런 표정의 변화로 여러 가지 정보를 전달하는 방법들도 살펴보게 될 것이다. 하지만 그전에 이보다 더 단순하고 친숙한 그림 하나를 살펴보고 가자.

## 막대 인간을 무시하지 말라

자, 여기 막대 모양 인간이 있다. 초등학생 때 많이 그렸던 이런 유치한 그림으로 뭘 할 수 있겠느냐고 무시하지 말기 바란다. 막대 인간이 표현할 수 있는 인간의 행동은 무궁무진하며, 이 단순한 그림이 전달할 수 있는 정보는 아주 정교하게 그려진 인체 모형과 견주어도 전혀 부족하지 않다. 소통을 원하는 우리에게는 실물에 가까운 그림보다는 쉽게 알아볼 수 있고, 쉽게 기억나는 그림이 더 훌륭한 그림이다. 그런 점에서 막대 인간은 정보 전달에 최적화된 그림의 전형이라고 할 수 있다. 우리의 두뇌는 실물처럼 묘사된 사람보다 막대 인간처럼 단순한 형태를 훨씬 더 쉽게 기억해내기 때문이다. 더군다나 막대 인간은 사람의 동작과 움직임을 쉽게 표현할 수 탁월한 방법이기도 하다.

*따라 그리기*

서있다.　　　　걷는다　　　　뛴다　　　　점프한다

위의 그림들을 따라 그려보고, 이 그림들을 참고 삼아 당신만의 막대 인간들을 탄생시켜보자. 그 다음에는 다음과 같이 막대 인간들을 서로 다른 상황 속으로 집어넣어 보자.

앉아있다.                책상에서 일하고 있다.

이렇게 단순한 표현들만 덧붙여도 막대 인간은 무수히 많은 상황들을 연출할 수 있다. 막대 인간을 그리는 걸 부끄럽게 생각하면서 머뭇거리지 마라. 자신 있게 막대 인간의 선들을 긋고 있는 당신은 소통을 위한 최선의 선택을 하고 있는 것이다.

## 상징과 단순한 그림들

다시 한번 강조하지만, 우리가 그리고자 하는 것은 복잡하고 아름다운 예술 작품이 아니다. 우리가 그리는 그림은 각자의 머릿속 생각들을 다른 사람에게 전달하기에 충분할 정도만 복잡하면 된다. 그리고 사실 아무리 복잡한 그림들도 가장 단순한 도형들로부터 시작된다는 점을 기억하자. 무엇을 어떻게 그리기 시작해야 할지 도무지 감이 잡히지 않는 다면 일단 네모, 세모, 원부터 그려보자. 기본적인 도형을 그리는 데 익숙해질수록 그림을 그리는 데에도 점점 소질이 생길 것이다.

## *따라 그리기*

지금 당신이 해야 할 것은 아래의 기본 도형들을 그린 다음 가만히 들여다보는 것이다. 그러면서 그 도형들이 어떤 사물들도 변할 수 있을까 상상해 보자. 같은 도형, 혹은 서로 다른 도형들을 덧붙이거나 몇 개의 추가적인 선들을 그리기만 하면 당신은 뭔가 알아먹을 만한 그림들을 그려낼 수 있다. 먼저 아래의 그림들을 따라 그려보고 당신 나름대로 도형들을 또 다른 사물들로 그려내는 연습을 해보자.

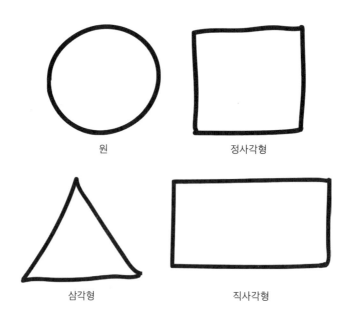

원

정사각형

삼각형

직사각형

*기본적인 도형들은 언제나 훌륭한 그림의 토대가 된다.*

시계                집

요트                트럭

여러 가지 그림들을 그리다 보면 그 중에서 마음에 드는 그림도 있을 것이고 영 마음에 들지 않는 그림도 있을 것이다. 그러나 중요한 것은 당신이 이제 누구든지 알아볼 수 있는 그림을 그릴 수 있게 되었다는 것이다.

## 전체적인 형태를 먼저, 세부적인 모양들은 나중에

어떤 특정한 사물을 그려보려고 마음 먹었다면 우선 그 사물의 전체적인 형태부터 떠올려보자. 전체적으로 네모나게 각이 졌는지, 아니면 둥그스름한지 생각해보고 그림을 그리기 시작하면 훨씬 쉽게 그림을 계속 그려나갈 수 있다. 그 사물을 정확하게 표현하기 위한 세부 모습들은 그 다음에 덧붙여도 늦지 않다.

## 따라 그리기

우선 아래의 그림들을 따라 그려본 다음, 당신 나름대로의 방식으로도 표현해 보자. 우선 크게 보이는 도형들을 먼저 그리고 나머지 부분들을 덧붙인다고 생각하면 쉽다.

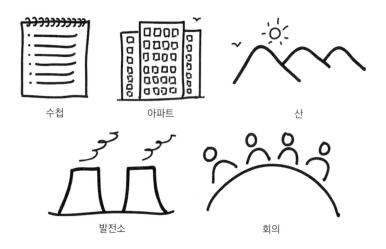

수첩              아파트                    산

발전소                      회의

# 이제 당신만의 캐릭터들을 탄생시켜 봅시다!

드디어 당신만의 캐릭터를 만들어 볼 시간이다. 앞서 말했지만 기본적인 방법은 스파이크를 그릴 때 이미 모두 배웠다. 스파이크를 그릴 때와 똑같은 순서로 그리되, 선들을 조금씩 변경하기만 하면 느낌이 확연히 다른 얼굴들을 표현해낼 수 있을 것이다.

## 따라 그리기

다음의 예시들은 당신이 그릴 수 있는 캐릭터의 극히 일부분일 뿐이다. 먼저 아래의 그림들을 따라 그려보고 여러가지 실험을 통해 당신만의 멋진 캐릭터로 다듬어나가 보자.

얼굴을 구성하는 주요한 선들은 스파이크와 다름이 없지만 헤어스타일을 바꾼 것만으로도 스파이크와는 느낌이 다른 새로운 캐릭터가 탄생되었다.

스파이크와 똑같은 순서로 그리되, 이번에는 코를 뾰족하게 만들고 머리카락은 조금 곱슬거리게 그려보자.

눈을 동그랗게 그리고 입모양을 역삼각형으로 표현해보자.

헤어스타일만 바꾸면 언제든지 캐릭터의 성별을 바꿀 수 있다.

시선을 반대 방향으로 바꾼 캐릭터.

안경은 캐릭터에 개성을 불어넣는 단순하지만 효과적인 방법이다. 코 위에 안경테를 그리고 작은 점으로 눈을 표현하면 끝.

# 캐릭터가 별건가?

사실 헤어스타일이나 옷과 같은 디테일이 없어도 우리는 얼마든지 사람의 감정을 표현할 수 있다. 특히, 차분하게 그림을 그릴 시간적인 여유가 없을 때엔 동그라미 몇 개를 그리는 것만으로도 우리가 전달하고자 하는 표정과 감정들을 충분히 표현할 수 있다.

## *따라 그리기*

아래의 모든 그림은 동그라미를 크게 그리는 것으로부터 시작된다.

행복, 만족, 충만, 기쁨

불행, 우울, 실망, 낙담

(입꼬리를 내려그리는 것만으로도 표현이 가능하다)

어리둥절, 고민, 호기심

(점 하나로도 여러가지 표현이 가능하다)

웃음, 활기참

기호나 상징들을 그리는 것도 당신의 아이디어를 전달하는 데 큰 도움을 줄 수 있다. 특히 화살표나 특정 개념을 강조하는 테두리 장식들은 여러 가지 아이디어를 연결시키면서 확장시켜 나가는 모습을 명확하게 만들어 준다. 간단한 기호나 상징들이라도 평소에 자신만의 방식으로 그리는 연습을 해두자. 그러면 다른 사람들 앞에서도 당신의 생각들을 막힘없이 펼쳐 보여줄 수 있을 것이다.

## 따라 그리기

화살표라고 다 똑 같으라는 법은 없다. 아래의 그림들을 따라 그려보고 그 다음에는 당신만의 개성이 담긴 기호들로 발전시켜나가 보자.

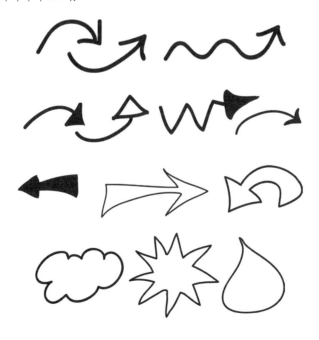

# 그림들을 결합시켜 봅시다.

 지금까지 그려본 사람, 사물, 기호, 상징들을 자유롭게 연결시키면서 머릿속의 생각들을 그림으로 풀어내는 연습을 해보자. 잘 그리려고 노력하는 것보다 자연스럽게 생각의 흐름을 표현해내는 것이 더 중요하다. 아무리 흘려그리듯이 그린 울퉁불퉁한 그림이라도 당신의 생각을 상대방이 쉽게 이해할 수 있도록 전달하는 최적의 방법이 되어 줄 것이다.

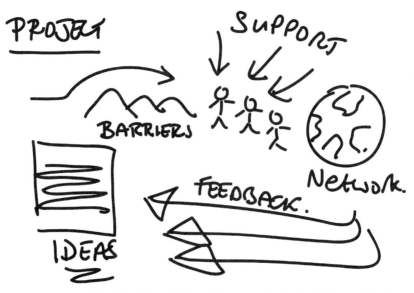

상대방이 당신의 생각을 읽게 하기는 어렵다. 그러나 눈으로 보게 하는 건 상대적으로 훨씬 쉽다.

커다란 종이 위에 팀원들이 모여 앉아서 함께 그림을 그려보는 것도
서로의 생각을 나누는 색다른 방법이 될 것이다.

## 몇 번만 연습해봐도 그림 실력이 쑥쑥

남들이 보기에는 낙서 같아도 이 장에 나와있는 그림들을 틈
틈이 연습해 본다면 어느새 손에 익어서 특별히 의식하지 않
아도 머릿속 생각들을 손으로 그려내고 있는 자기 자신을 발
견하게 될 것이다.

## 📑 요약

- 그림 그리는 것을 어렵고 복잡하게 생각하지 마라. 단순하게 그리면 그릴수록 더 알아보기 쉽고 기억하기 좋은 그림이 된다.
- 세상의 모든 사물들은 기본 도형들로 구성되어 있다. 그러니까 사각형, 삼각형, 원부터 그리기 시작해라.
- 스파이크를 그릴 줄 알면 당신은 이제 수십 가지 캐릭터를 그려낼 수 있다.
- 몇 개의 동그라미를 그리면 얼마든지 원하는 표정을 그릴 수 있다.
- 행동을 묘사하고 싶으면 막대 인간을 과감하게 사용해라.
- 화살표와 같은 기호와 상징들을 활용하면 여러가지 생각들을 명확하게 연결시킬 수 있다.
- 단순한 디테일을 더해가면서 당신이 그릴 수 있는 캐릭터, 모양, 상징들의 목록을 늘려가라.

## 🕐 더 연습하기

다음에 나열된 연습 목록들은 대부분 이 장에서 그려본 것들이다. 그러나 이미 그려진 그림을 따라 그리는 것과 어떤 상황이 묘사된 글만 보고 처음부터 스스로 그림을 그려보는 것에는 엄청난 차이가 있다. 아래의 목록들을 앞에서 소개된 예시 그림들을 다시 보지 않고 쓱쓱 그려낼 수 있다는 것은 머릿속 생각들을 그림으로 표현해내는 당신의 실력이 그만큼 늘었다는 의미이다.

✎ 행복한 표정을 짓는 캐릭터를 4가지 그려보자.
- 두 명은 남자 • 나머지 두 명은 여자

✎ 어떤 한 가지 캐릭터로 각각 다음의 감정들이 담긴 표정을 그려보자.
- 슬픔 • 놀람 • 우울 • 고민

✎ 다음과 같은 행동을 하는 막대 인간을 그려보자.
- 양손을 허리춤에 대고 똑바로 서있는 사람
- 양팔을 하늘로 주욱 뻗고 서있는 사람
- 뛰는 사람 • 걷는 사람
- 벽을 뛰어 넘는 사람 • 축구공을 차는 사람

✎ 다음에 묘사된 상황들을 되도록 빠르게 그려보자.
- 산을 오르고 있는 두 명의 사람
- 빠른 속도로 달리고 있는 자동차
- 책상에 앉아있는 사람
- 회의를 하고 있는 네 명의 사람
- 숲길을 달리고 있는 사람
- 다이빙대에 서있는 사람
- 햇살이 비추는 바다에 떠있는 어선

✎ 지금 당신의 머릿속에 떠오르는 것이 그 어떤 것이든 그림으로 그려보자. 당신이 생각한 것이 실제로는 아무리 복잡한 형태라도 최대한 단순하게 표현해낼 방법은 없을까 고민하면서 다양한 시도를 해보자.

# 그림 속에 생각을 불어넣는 법

앞장에서 단순한 이미지들과 상징들을 그리는 방법들을 배웠으니 이제 그 그림들에 어떤 의미를 부여하는 방법을 알아보자. 그림에 의미를 불어넣는 이유는 분명하다. 어떤 아이디어와 정보를 다른 사람들과 좀더 효율적으로 공유하는 것, 그것이 우리들의 목표라는 것을 잊지말자.

## 그림 속에 담긴 의미

그림이 우리에게 전달하는 의미는 복합적이다. 이것은 우리들에게 무척 좋은 소식이다. 우리의 실력으로 그릴 수 있는 단순한 이미지들만으로도 수많은 아이디어를 전달할 수 있는 가능성이 활짝 열려있기 때문이다. 아래와 같은 그림들을 보았을 때 당신의 마음 속에 어떤 의미들이 떠오르는지 살펴보자.

성취, 승리, 목표

기반, 생태, 환경

우리는 한 배를 탔다. 우리는 하나다. 우리는 망망대해에 떠있다

신뢰, 팀웍, 균형

## 하나의 상징이 가진 다양한 의미

위에 소개된 그림들 아래에 몇 가지 의미를 적어놓기는 했지만 사람에 따라서 얼마든지 또 다른 해석들이 존재할 수 있고, 무엇이 옳고 그르다고 말할 수는 없다. 그리고 이런 다양성이 서로 다른 아이디어들을 좀더 쉽게 표현할 수 있는 토대가 되어 준다.

여기서 중요한 포인트는 하나의 상징에 여러 가지 의미를 담을 수 있기 때문에 우리는 똑같은 상징을 여러번 계속해서 재활용할 수 있다는 점이다. 우리가 그릴 수 있는 한정된 그림들에게 여러 가지 쓰임새가 있다는 것은 무척 반가운 소식이다. 우리가 어떤 상징에 한 가지 의미를 부여하면 우리의 두뇌는 그걸 쉽게 받아들이고 그 둘 사이의 연결은 어느새 당연한 것처럼 여겨진다. 이것은 우리가 어떤 것을 인지할 때 발휘되는 연상의 힘과 관련이 있다. 어떤 정보를 받아들일 때, 우리는 그것을 이해하고자 하면서 언제나 어떤 의미를 찾는 습성이 있기 때문이다.

우리가 어떤 정보를 받아들이고 그것을 어떤 의미로 인식하는 일은 순차적으로 일어나는 것이 아니라 거의 동시에 발생된다. 예를 들어 당신이 무성한 풀숲을 걷다가 고무 호스를 뱀으로 착각하고 기겁하는 것마냥 연상의 힘은 즉각적이고도 강력하다. 이것이 내가 당신의 그림 옆에 어떤 단어나 문장을 덧붙이라고 제안하는 이유들 중의 하나다. 하나의 그림이 1,000가지 의미를 가질 수 있다고 해도 그림 옆에 어떤 단어나 문장을 덧붙이면 그 그림은 단 하나의 의미로 특정되는 것이다. 이것은 당신이 의도한 의미 대로 상대방을 집중시키는 데 무척 효과적이다.

그림에 어떤 단어를 덧붙이면 둘 사이에 강한 결속력이 생긴다. 그리고 이 결속력은 어떤 아이디어를 확실히 각인시키는 데 도움이 된다. 그림과 단어 사이의 연결이 창의적이고 특이할수록 상대방은 그것을 더욱 쉽게 기억한다는 점도 염두에 두자.

# 그림으로 생각하기

## *따라 그리기*

다음의 예시들은 한 단어를 각각 세 가지 그림으로 표현해 본 것이다. 각각의 그림들을 따라 그려보고 어떤 그림이 당신의 마음에 더 와닿는지 생각해 보자. 이렇게 여러 번 연습을 해보면 당신은 곧 자신만의 그림으로 어떤 의미를 표현할 수 있을 것이다.

여기서 또 한가지 기억할 점은 당신이 떠올린 그림들이 언제나 만족스러울 수는 없다는 것이다. 포기하기 말고 계속해서 연습하는 것이 중요하다. 끊임 없는 시도와 실수를 통해서 그림에 어떤 의미를 담는 당신의 능력이 점점 발전된다는 점은 분명하니까.

**팀웍**

**성공**

**결과**

## 비전

*각각의 단어들은 얼마든지 다른 그림들로 표현될 수 있다.*

어떤 개념이나 아이디어를 독점적으로 대표하는 그림이라는 건 이 세상에 존재하지 않는다. 당신이 생각하기에 어떤 단어나 개념에 가장 부합되는 이미지를 그려보고 다듬어 간다면 그 그림이 세상에서 가장 효과적인 소통의 수단이 될 것이라는 것을 믿어라.

# 더욱 확실하게 기억하도록 만드는 법

다음의 방법들은 그림은 물론 그 그림에 덧붙여진 단어들에도 적용할 수 있다.

## *색 입히기*

우리의 두뇌는 색깔에 아주 민감하기 때문에 당신의 그림에 색을 입히면 훨씬 더 알아보기 쉽고 기억하기 좋은 이미지가 될 것이다. 물론 색깔에 대한 느낌은 사람에 따라 다른 주관적인 것이지만, 어떤 색들은 사회적인 합의를 통해 특정한 의미로 널리 통용되고 있어서 색을 잘 활용하면 당신의 그림이 전달하고자 하는 의미를 훨씬 강화시킬 수 있다. 다음과 같은 예시들처럼 말이다.

✎ 빨강=위험, 경고, 뜨거움
✎ 노랑=긍정, 낙관, 밝음, 활기참, 햇빛
✎ 녹색=자연, 생태, 친환경

## *차이를 만들고 대조시키기*

다른 것들과 두드러지게 차이나는 것이 사람들의 주목을 끌고 더 쉽게 기억되는 것은 당연한 일이다. 따라서 당신의 그림 속에서 특정한 부분을 강조하고 싶다면 그 부분을 어떤 방식으로든 나머지 부분과 차이가 나도록 만들면 된다. 색깔을 달리한다든지 크기를 바꾼다든지, 어떤 방식을 택할지는 당신의 몫이다.

## 과장하기

어떤 아이디어를 두드러지게 만드는 가장 확실한 방법을 그 것을 과장시키는 것이다. 예를 들어 당신이 작다/크다, 낮다/높 다, 좁다/넓다, 싸다/비싸다, 효율/비효율, 오르다/내리다, 적다/ 많다 등 대조적인 개념들을 전달하고 싶다면 특정한 개념을 다른 개념보다 훨씬 크게 그려보자. 당신이 전달하고자 하는 의미가 보다 명확해질 것이다.

다음의 두 가지 예시는 어떤 방식으로든 해석될 수 있다. 그 러나 과장되게 크게 그려진 앞니와, 나머지 사람보다 훨씬 크 게 그려진 막대 인간이 사람들을 시각적으로 집중시킨다는 점 은 분명하다.

## 글자도 하나의 그림처럼 활용하자.

우리가 색깔이나 과장을 통해서 어떤 의미들을 강조할 수 있는 것처럼, 글자 자체를 그림처럼 활용하면서 창의성을 발휘

하면 당신의 생각들을 훨씬 돋보이게 표현할 수 있다. 아래의
예시들처럼 말이다.

　그림으로 생각을 정리하고, 다른 사람에게 그 생각을 전달하
는 것이 처음에는 어색하고 어려울 수도 있다. 그러나 연습을
통해서 익숙해진다면 오히려 그림을 그릴 때 생각이 더 잘 정
리되는 걸 느낄 수 있을 것이다. 더 나아가 아무런 생각이 없
다가도 그저 종이 위에 뭔가를 끄적거리는 것이 시초가 되어
어떤 근사한 아이디어가 떠오를 수도 있다. 그림 그리기를 통
해서 그 아이디어를 더욱 발전시켜나갈 수 있다는 것은 두 말
할 필요도 없을 것이다.

# 📑 요약

- 당신의 그림에 어떤 단어를 덧붙여라. 둘은 강하게 결속되어서 의미를 강화시킬 것이다.
- 하나의 그림으로 여러 가지 아이디어를 표현할 수 있다. 따라서 우리는 같은 그림은 여러 번 재활용할 수 있다.
- 어떤 상징에 살짝 변화를 주는 것만으로도 전혀 다른 방식으로 그 그림을 활용할 수 있다.
- 사람들이 알아볼 수 있을 정도로 그림이 그려졌다면 거기서 선을 긋는 것을 멈춰라. 그 이상의 것을 원하면 미술학원에 다녀라.
- 특정한 개념을 생각할 때 당신의 머릿속에 떠오르는 이미지를 활용해서 그림을 그려보라.
- 색깔을 활용하고 대조 및 과장 기법으로 당신의 그림을 좀 더 쉽게 기억되도록 만들어라.

# 🕐 더 연습하기

- 다음의 단어들을 표현하는 그림들을 그려보자.
    - 실행
    - 에너지
    - 환경
    - 아이디어
    - 글로벌

- 데이터
- 지식
- 유연성
- 조화
- 리서치

*Tip* : 당신의 머릿속에 처음 떠오른 이미지가 그리기에 너무 복잡한 것이라면 억지로 그리지 말고 다른 이미지를 떠올려보라. 처음 떠오른 이미지를 대체할 수 있는, 그리기 쉬운 이미지들이 항상 존재하기 마련이다.

# 화통: 그림으로 대화하기

　이번 장에서는 그림 그리기가 어떻게 소통의 수단이 될 수 있는지 자세하게 알아보자. 아마도 당신에게는 하루에도 여러 번, 자신의 생각을 상대에게 전달해야 하는 순간이 찾아올 것이다. 수많은 회의, 프레젠테이션, 그리고 일대일 대화까지, 당신의 머릿속 생각들이 상대에게 제대로 전달되고 있지 않다는 의구심을 느껴본 적은 없는가? 그림 그리기는 그런 의구심을 상당부분 날려버릴 수 있게 해준다. 이제부터 당신의 생활 속에서 어떻게 그림 그리기를 활용할 수 있는지 구체적으로 살펴보자. 그리고 나 자신 뿐만 아니라 상대방도 함께 그림으로 소통하기 시작하면 어떤 시너지 효과가 생기는지도 알아보자.

## 그림으로 대화하면 무엇이 달라지는가?

　당신이 혼자 그림을 그리든, 아니면 팀원들과 함께 그림을 그리든지 간에 그림으로 소통하기 시작한 당신의 조직에는 다음과 같은 변화들이 서서히 감지될 것이다.

## 격식에서 자유로워진다

　손그림을 그리는 데 익숙해지면 딱딱한 서식의 보고서나 프레젠테이션 장비는 거추장스럽게 느껴지게 된다. 종이 한 장과 펜 하나만 있으면 언제 어디서든 서로의 생각을 전할 수 있기 때문이다. 물론 조직문화에서 격식이 필요한 순간들도 많다. 그러나 서로의 아이디어를 나누고자 할 때는 즉각적인, 그리고 비격식적인 방식이 훨씬 더 많은 성과를 가져다줄 것이다.


## 말보다 그림

　개인간의 언어습관 차이는 우리가 생각했던 것보다 훨씬 더 심각한 오해와 오역을 일으킨다. 말하고자 하는 바가 상대에게 정확하게 전달되지 않는다거나 전혀 의도치 않은 방향으로 감정을 불러일으킨다면 서로가 쓰는 언어들을 허심탄회하게 조율할 필요가 있을 것이다. 그러나 그보다 더 간편한 방법은 바로 그림을 곁들이는 것이다. 아무리 살아온 환경이 다르고 생각의 방향이 다르더라도, 눈으로 보는 것은 사람들마다 해석을 다르게 하는 경우가 많지 않다. 따라서 당신의 생각을 그림으로 나타낼 수 있으면, 상대방은 당신의 생각을 문자 그대로 눈으로 볼 수 있게 되는 것이다. 더 나아가 팀원들끼리 함께 그림을 그리면서 공통의 시각 언어를 만들어 간다면, 즉 어떤 그림을 보면 바로 특정 개념을 함께 떠올릴 수 있다면 소통의 속도와 정확성은 몰라보게 향상될 것이다.

## 전체를 조망한다

업무가 복잡해지고 일이 바쁘게 돌아가다 보면 디테일에 매몰되는 경우가 다반사다. 작은 일들을 열심히 챙기고는 있는데 무엇 때문에 그 작은 일들을 하고 있는지 망각해버리는 것이다. 그림 그리기는 전체를 조망하게 해주는 탁월한 방법이다. 흔히들 '큰 그림을 보라'고 표현하는데 그림은 진짜로 우리에게 큰 그림을 보게 해준다. 꼭 물리적으로 큰 그림을 말하는 것이 아니라, 작은 종이 위에 간단하게 생각을 정리해보는 것만으로도 그동안 잊고 있었던 큰 틀, 혹은 큰 목표를 다시 떠올릴 수 있을 것이다. 또한 그림을 통해 전체를 보면서 회의나 토론을 이끌어나가면 초점이 명확해져서 결론을 도출하는 시간이 단축될 것이다.

## 각 요소들의 관계가 확연해진다.

당신 머릿속의 생각들은 여러 가지 구성 요소들이 복합적으로 연결되어 있을 것이다. 그런데 아무리 조리 있게 말을 잘한다고 해도 그래서 보여주는 것만큼 각각의 요소들의 연결 관계를 명확하게 드러낼 수는 없다. 그리고 상대방 입장에서도 잘 이해가 안 되는 부분을 손으로 가리키면서 물어볼 수 있으니까 서로 엇갈린 얘기를 주고받을 염려가 줄어든다.

## 손쉽게 아이디어가 확장된다

생각을 그림으로 표현하면 그대로 고착되는 것이 아니다. 그림으로 펼쳐진 당신의 생각들을 찬찬히 살피다 보면 무엇을 더해야 할지, 무엇을 빼야 할지, 혹은 무엇을 수정해야 할지가 '눈으로' 보이기 시작한다. 즉 그림 그리기는 당신의 생각을 전달하기 위한 수단일 뿐만 아니라 그것을 수정하고 더 발전시켜나갈 수 있는 역동적인 도구인 것이다.

## 책임감이 상승한다

회의를 하다보면 어떤 결정이나 아이디어가 누구의 입에서 나왔는지, 또 책임자는 누구인지 불분명해질 때가 많다. 꼭 책임소재를 가리자는 목적 때문만이 아니더라도, 여러 사람이 모인 회의에서 참석자들의 적극적인 참여와 책임감을 이끌어내는 것은 늘 어려운 숙제 중의 하나다. 그럴 때는 뭔가 분명하게 실체가 있는 작업을 함께 해보는 것이 좋은데 가장 적절한 작업은 바로 함께 그림을 그리는 것이다. 화이트보드에, 혹은 책상에 펼쳐놓은 종이 위에 선 하나라도 그려보는 것은, 슬쩍 말 한마디 보태는 것과는 비교할 수 없을 만큼 참여의식을 높여준다.

## 긍정적인 에너지가 나온다

　우리는 마음의 상태가 성과로 직결되는 경우를 자주 목격한다. 스포츠에서도 그렇고, 비즈니스에서도 그렇고 마음이 꺾이

면 승리도 저만치 달아나기 십상이다. 특히 뭔가를 배우는 사람들에게는 항상 긍정적인 기운을 북돋아주는 것이 중요하다. 그림 그리기는 그 자체가 생산적인 행위이기 때문에 뭔가를 성취하고자 모인 사람들 사이에 흥겹고 긍정적인 분위기를 만드는 데 제격이다. 우리는 즐거운 일을 할 때, 긴장은 풀어지지만 정신은 초롱초롱해지는 걸 느낀다. 그림 그리기가 바로 그런 분위기를 당신의 회의실에 가져다줄 것이다.

### 창의력과 상상력이 자극된다

그림 그리기의 묘한 매력 중 하나는 완성되는 과정을 계속 지켜보게 된다는 것이다. 마치 다음 회가 궁금해서 계속 볼 수밖에 없는 드라마처럼 하얀 종이 위에 첫 선이 그어지는 것을 목격하게 되는 순간 꼼짝없이 그 그림을 그리는 손길에 집중하게 되는 것이다.

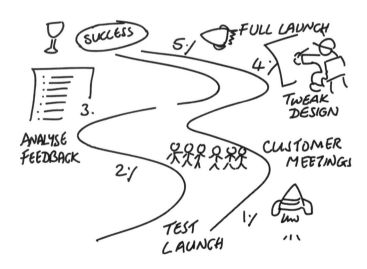

또한, 다음에는 어떤 선이 그어질까, 결국 어떻게 완성될까를 상상하다 보면 자연스럽게 스스로도 머릿속 캔버스에 그림을 그리기 시작하게 되는데 이런 일련의 과정은 말하는 사람이 상대방에게 원하는 모든 반응들이 담겨있다. 내가 전달하려는 메시지에 집중하고, 스스로도 거기에 대해 생각하도록 만드는 것 말이다. 그림 그리기는 이렇듯 상대방에게 상상력과 창의력을 불러일으키는 훌륭한 자극제가 될 수 있다.

## 팀이 단결된다

팀원들이 다함께 하나의 '그림'을 그려보는 건, 은유적인 표현에서 뿐만 아니라 실제로도 훌륭한 단합 방법이다. 큰 종이를 탁자 위에 올려놓고 지금 진행 중인 프로젝트에 관한 이미지들을 함께 그려본다고 가정해 보자. 그동안 대화나 서류로만 의견을 나누었을 때보다 서로의 생각들이 어떻게 다른지, 또 어떻게 협의를 하면 좋을지 확연히 '눈'에 보일 것이다. 함께 그림을 그리는 것이 여의치 않다면, 한 사람이 그리고 나머지는 의견을 제시하는 것만으로도 괜찮은 팀 단합의 기회가 될 수 있다. 그러니 그림을 그리는 것에 대한 어색함이나 두려움을 핑계로 앞세우지 말고 일단 펜을 들어 그림을 그려보자. 그리고 그 효과를 직접 체험해 보자.

# 언제, 어떻게 그릴 것인가?

## 모두 *미리 그려두기*

　사전에 모든 그림을 그려놓고 프레젠테이션 할 때 청중들에게 보여주면서 설명하는 방식이다.

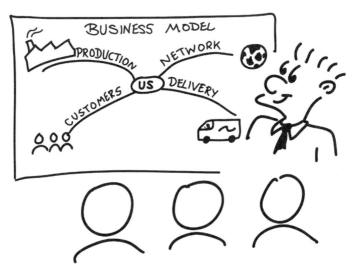

스파이크가 미리 그려둔 그림을 보여주면서 비즈니스 모델에 대해 설명하고 있다.

☺ 장점
- ✓ 그림 그리기에 익숙해질 때까지 써봄직한 방법이다.
- ✓ 비교적 시간적인 여유가 있으므로 그림을 천천히 잘 그릴 수 있다.
- ✓ 말로 설명하는 데 집중할 수 있다.

☹ 단점

✓ 청중들의 관심을 그림에 붙잡아두는 것이 어렵다.

✓ 디지털 그래픽을 사용하는 것과 큰 차이가 없고, 다른 프레젠테이션들과 차별화된 인상을 주기 힘들다.

## 일부분만 미리 그려두기

  미완성인 그림을 프레젠테이션을 진행하면서 마저 완성해가는 방식이다.

스파이크가 일부분만 그려진 그림을 완성해나가고 있다.

☺ 장점

✓ 실시간으로 그리기에는 복잡한 부분을 미리 준비해 둘 수 있다.

✓ 완전 백지 상태에서 시작하는 것보다 마음의 부담감이 덜하다.
✓ 사람들이 미완성된 그림을 보면서 어떤 부분이 빠졌을까 상상해보도록 유도할 수 있다.
✓ 사람들 앞에서 실시간으로 그리는 부분도 있으므로 시선을 붙잡아둘 수 있다.

☹ 단점
✓ 백지 상태에서 시작하는 그림보다 청중들의 주목도가 다소 떨어진다.


## 카드에 미리 그려두고 하나씩 붙이기

포스트잇이나 자석카드에 그림을 하나씩 그려두었다가 프레젠테이션할 때 적당한 순서대로 붙여가면서 이야기를 이어가는 방식이다.

스파이크가 그림카드를 붙여가면서 비즈니스 모델의 각 요소들을 연결시키고 있다.

## ☺ 장점

✔ 한번 만들어둔 카드 그림들은 계속 보관해두면서 여러 번 쓸 수 있다.

✔ 실시간으로 그림 그리는 것이 여전히 불안하다고 느껴질 때 쓸 수 있는 대체 방법이다.

✔ 여러가지 구성요소들로 분리될 수 있는 비즈니스 모델이나 프로세스 등을 설명할 때 적합하다.

✔ 실시간으로 그림을 그리는 것보다 어떤 정보를 전달하는 데 걸리는 시간이 단축된다.

✔ 복잡한 구조의 비즈니스 모델도 순차적으로 완성시켜나갈 수 있으므로 헷갈릴 염려가 없다.

## ☹ 단점

✔ 다른 방법들보다 준비하는 데 시간이 오래 걸린다.

✔ 실시간으로 그리는 것보다는 여전히 청중들의 주목도가 떨어진다.


## *말하면서 실시간으로 그리기*

백지에서 시작해서, 처음부터 끝까지 사람들이 보는 앞에서 그림을 완성하는 방식이다.

## ☺ 장점

✔ 사람들의 시선을 붙잡을 수 있는 최선의 방법이다.

✔ 프레젠테이션의 시작부터 사람들에게 호기심을 불러일으키

면서 집중시킬 수 있다.

✔ 당신은 손으로, 청중들은 시선으로, 어떤 그림이 처음부터 끝까지 완성되는 모습을 함께 지켜보게 되므로 그 그림에 담긴 정보에 대한 공유율이 높아진다.

✔ 프레젠테이션의 속도와 방향을 당신 스스로 조절할 수 있다. 그리고 즉흥적으로 어떤 구성요소를 더 그리거나 지우거나 하면서 다양한 연출을 시도할 수 있다.

✔ 다른 프레젠테이션들과는 차별화된 인상을 남겨서 사람들의 기억 속에 당신의 메시지가 각인된다.

☹ 단점

✔ 복잡한 그림은 실시간으로 그리기에 벅찰 수도 있으므로 익숙해질 때까지 연습을 해두는 것이 좋다.

✔ 사전에 모든 그림을 그려서 제시하는 것보다는 어떤 정보를 전달하는 데 시간이 더 걸릴 수밖에 없다.

스파이크가 자신의 아이디어를 설명하는 동시에 그림을 그리고 있다.

# 그림 그리기 도구들

물론 당신에게는 종이와 연필만 있으면 된다. 그런데 그림 그리기의 재미를 느끼고 그 소통의 효과를 경험하게 된 당신은 어쩌면 더 크고, 더 발전된 도구들을 원하게 될지도 모른다. 특히 여러 사람들 앞에서 프레젠테이션을 하거나 팀원들과 함께 본격적으로 그림을 통한 회의를 해보고자 할 때 다음에 소개되는 도구들이 도움이 될 것이다. 그러나 다시 한번 강조하지만, 머릿속 생각을 그림으로 풀어내고 그것을 상대방에게 전달하는 데에는 종이 한 장과 연필 한 자루면 충분하다. 당신이 그림 그리는 데 익숙해지면 익숙해질수록 더욱 그렇다. 장인은 도구탓을 하지 않는 법이니까. 다음에 소개된 도구들을 당신이나 팀의 필요에 따라서 선별해서 쓰면 그뿐이다.

실제로 큰 그림을 그려보면 마음 속에도 '큰 그림'이 그려진다.

## 종이, 연습장, 스케치북, 연필, 볼펜

지금 이 순간 눈앞에 보이는 종이와 필기구를 들고 바로 그림을 그리면 된다. 정 마음에 드는 게 없으면 가까운 문방구에 들러서 필기구를 고르면서 새로 시작하는 기분을 내봐도 좋다.

✓ 거리낌 없이 쓸 수 있는 평범한 도구들은 그만큼 편하게 아이디어를 그림으로 그려볼 수 있게 해준다.
✓ 비교적 가격이 저렴한 도구들로 아낌 없이 그림 연습하다 보면 점점 실력이 늘 것이다.
✓ 서너 명 정도가 모이는 회의라면 A4사이즈 정도의 종이에 그림을 그려도 함께 보기에 충분하다.

## 플립 차트

종이를 한장씩 넘겨가면서 쓸 수 있는 플립차트는, 예전에 학교에서 그림 자료를 보여줄 때 쓰던 괘도와 비슷한 모양새다. 비록 아날로그적인 방식이지만 그림을 그리기에는 안성맞춤이어서 회의실에서 한번 써볼 만하다.

✓ 다용도 플립차트는 이리저리 옮기기 쉽게 되어있기 때문에 상황에 맞춰 세워놓는 위치를 바꿀 수 있다.
✓ 플립차트 용지는 되도록 부드럽고 하얀재질을 쓰는 게 그림 그리기에도 좋고 눈에도 잘 띈다.
✓ 펜 끝이 둥그런 것보다는 납작하게 생겨야 때로는 가늘게 때로는 두껍게 선을 그릴 수 있다.

✓ 펜은 8가지 색 정도만 준비해도 프레젠테이션 용도로 쓰기
에 충분하다.

## 화이트보드

　어느 회의실에나 화이트보드가 하나씩 있는 이유는 그만큼
여러 가지 장점이 있기 때문이다. 아마도 가장 큰 장점은 쉽게
지우고 다시 쓸 수 있다는 것일 텐데, 이런 장점은 그림으로 어
떤 아이디어를 전달할 때도 무척 유용하다. 잘못 그린 부분은
바로 지워서 수정할 수 있고, 즉흥적으로 생각난 부분도 손쉽
게 연결시킬 수 있으니까 말이다.

✓ 가로로 넓게 놓여진 화이트보드가 비즈니스 모델이나 비주
얼 맵을 그리기에 적당하다.
✓ 벽에 고정되어 있는 화이트보드 보다는 거치대로 옮길 수 있
는 형태가 여러 가지 상황에 대비할 수 있어서 더 유용하다.
✓ 보드 전체가 회전이 되면서 양면을 쓸 수 있는 화이트보드
는 그림을 잠시 가려두거나 두 가지 그림을 교차 비교할 때
유용하게 쓸 수 있다.
✓ 화이트보드에서 쓸 수 있는 마커펜을 서너 가지 색으로 준비
해 두면 다소 복잡한 그림도 잘 구분되도록 표현할 수 있다.

## 인터렉티브 화이트보드(interactive whiteboard)

　'전자칠판'이라고도 불리는 이 화이트보드는 본격적으로 그

림 회의를 도입해보자 할 때, 사용을 고려해 볼 만한 고급 아이템이다.

✓ 전용 전자펜으로 손쉽게 그림의 색을 바꾸거나 선의 두께를 바꿀 수 있다. 또한 한 번의 터치만으로도 전체 그림을 지우거나 예전 그림을 불러올 수 있다.
✓ 그림이 파일로 저장되고 프린터로 출력도 가능하다.

## 다목적 보드(facilitation board)

이 보드에는 종이를 끼워서 그림을 그릴 수도 있고, 카드들을 붙였다 떼면서 마음대로 배열할 수도 있다. 한 가지 방법을 고집하기보다 여러 가지 시도를 해볼 수 있다는 장점이 있다.

✓ 각각의 단계로 명확히 구분되는 비즈니스 모델이나 프로세스를 다양하게 배열해 볼 수 있다.
✓ 다목적 보드는 여러 개를 연결해서 쓸 수 있으므로 넓은 공간에서 여러 사람들이 직접 참여하는 회의가 가능하다.

## 비주얼라이저(visualiser)

이 장치는 슬라이드 필름 영사기처럼 작은 종이 위의 그림을 대형 스크린으로 옮겨주는 역할을 한다. 프로젝터와 연결이 가능한 일종의 비디오 카메라라고 생각하면 된다.

✓ 넓은 공간의 맨 뒤에 있는 사람들에게까지 그림이 보이도록 하기 위해서 엄청나게 큰 그림을 그릴 필요는 없다. 그저

이 장치 아래에서 노트에 그림을 그려나가면 사람들은 큰 화면으로 그 과정을 지켜볼 수 있다.

✓ 각도 조절이 가능하기 때문에 그림의 특정부분을 더 자세하게 보여줄 수도 있고, 비디오 카메라처럼 들고 다니면서 촬영을 하면 화이트보드에 그려진 그림도 스크린으로 보여줄 수 있다.

✓ 당신이 그린 그림과 더불어 그 그림을 설명하는 목소리까지 파일로 저장할 수 있다.


## 그래픽 태블릿(graphics tablet)

일러스트레이터나 그래픽디자이너들이 애용하는 태블릿은 손으로 그린 그림을 바로 파일로 저장할 수 있을 뿐만 아니라 다른 프레젠테이션 프로그램에 그 그림을 손쉽게 삽입할 수도 있다.

✓ 전자펜 하나로 연필, 붓, 펠트펜, 크레파스 등 수많은 도구들로 그림을 그리는 것과 같은 효과를 낼 수 있다.

✓ 클릭 한번으로 그림을 수정하거나 원하는 색으로 바꿀 수 있을 뿐만 아니라, 여러 가지 그림을 겹쳐서 완성하는 레이어 기능도 사용할 수도 있다.

✓ 한결 정돈된 느낌의 손그림을 그릴 수 있다.


## 스마트폰, 태블릿pc, 노트북

요즘과 같이 다양한 모바일 기기들과 손쉬운 그래픽 어플들이 존재하는 세상에서, 그림 그리기가 너무 어렵다는 말은 핑계에 불과하다. 모든 건 당신의 의지에 달렸다.

- ✔ 스마트폰에 무료, 혹은 저렴한 그래픽 어플들을 설치해 두면 언제 어디서나 그림 그리기를 즐길 수 있고, 멀리 있는 상대에게도 내 그림을 순식간에 전송할 수 있다.
- ✔ 태블릿 pc 하나를 탁자 위에 올려놓고 팀원들이 번갈아 가면서 어떤 주제에 대한 그림을 그려보는 것도 훌륭한 회의 방법이 될 것이다.
- ✔ 이 밖에도 모바일 기기들을 그림 그리기에 활용할 수 있는 방법은 무궁무진하다.

## 그림으로 대화하면서 챙겨야 할 디테일들

영국 싸이클팀의 감독을 맡고 있는 데이빗 브레일스퍼드(David Brailsford)는 올림픽에서 이룬 자신들의 성과에 대해서 '미미한 이득들(marginal gains)' 이라는 말로 설명한 적이 있다. 최종적인 성과는 크게 한 방 잘해서 얻어지는 것이 아니라 미미하고 작은 이득들이 쌓이고 쌓인 결과라는 것이다. 그림으로 대화할 때도 마찬가지다. 나의 생각을 상대방에게 빠르고 정확하고 전달하고자 하는 최종적인 목표는, 뭐 이런 것들까지 신경을 써야 하나 싶은 작은 디테일들이 더하고 더해져서 얻어질 것이다. 다음은 성공적인 '화통' 을 위해서 신경 써야할, 작지만 중요한 단계들이다.

## 그림 구상하기

미리 다음과 같은 질문들에 답을 해보면서 그림 연습을 한다면 사람들 앞에서 그림을 그릴 때 훨씬 수월할 것이다.

✓ 어느 정도 크기로 그릴 것인가?
✓ 어디서부터 그리기 시작할 것인가?
✓ 어떤 순서로 그릴 것인가?

심지어 어떤 사람들은 미리 희미하게 밑그림을 그려둔 다음 사람들 앞에서는 그 위를 진한 펜으로 덧그리는 방법을 쓰기도 한다. 매번 이렇게 할 필요는 없지만 프레젠테이션 시간이 짧게 주어졌거나 그리려는 그림이 다소 복잡할 때, 아주 실용적인 방법이 될 수 있다. 또한 희미하게 그린 밑그림은 상대에게 잘 보이지도 않을 뿐더러 설사 보인다고 해도 실시간으로 그림을 그리면서 얻을 수 있는 집중의 효과는 여전히 유효하다.

## 자리 배치하기

사람들 앞에서 그림을 그릴 때 당신은 두 가지 자리에 대해 고려해야 한다. 하나는 당신이 서있는 자리, 그리고 나머지는 그림판을 세워둘 자리이다.

**스피킹 포지션**— 사람들 앞에서 말을 할 때, 어느 위치에 서 있느냐에 따라 당신 말의 경중이 결정될 정도로 스피킹 포지션은 중요하다. 전통적으로 중앙은 말이 잘 통하는 자리다. 왕의 자리가 그렇고, 지도자의 자리가 그렇고, 회장의 자리가 그렇다. 아무리 그림을 통해서 당신의 생각을 전달하고 있지만 그림에게 중앙 자리를 양보해서는 안 된다. 말을 전혀 하지 않고 오로지 그림만 그릴 작정이 아니라면 말이다. 다음 장에서 자세하게 살펴볼 '투 비주얼'을 이용할 때도 당신은 두 이미지 사이의 중앙을 점령하고 있어야 한다. 물론 이리저리 왔다갔다 하면서 말을 할 수는 있지만 핵심 메시지나 중요한 결론은 중앙의 자리에서 말하는 것이 가장 임팩트가 강하다는 점을 기억하자.

**그림판 자리**— 다음과 같은 경우를 상상해 보자. 콘서트장에서 열심히 연주를 하던 드러머가 쉬는 시간에 잠시 자리를 비운 사이, 누가 만졌는지 드럼 세팅이 완전히 바뀌어버렸다. 이 드러머는 제대로 실력을 발휘할 수 있을까? 우리에게는 그림을 그릴 화이트보드나 플립차트의 위치가 바로 드럼 세팅과 같다. 너무 높아서 손을 주욱 뻗어야 하거나 너무 낮아서 허리를 굽혀야 한다면 그림이 잘 그려질 리가 없다. 그림 그리는 자세가 편하지 않으면 자신감도 떨어지고 그런 낌새는 상대방에게도 전해져서 서로 집중하기가 힘들어진다. 그림판의 사소한 위치 선정이 마치 나비효과처럼 점점 부정적으로 퍼져나가는 것이다. 그림 그리기에 편하도록 그림판의 자리를 미리 조절해두는 사소한 행동만으로도 당신은 그 나비효과를 긍정적인 파급력으로 바꿀 수 있다.

# 아이디어 전달력을 높이기 위한 조언들

그럼 이번에는 당신의 생각이 상대에게 좀더 명확히 기억되게 하기 위해서, 그림 그리기와 함께 조화를 이루어야 할 요소들에 대해서 살펴보자. 당신이 투명인간이 아닌 이상, 당신이 그림을 그리는 동안 전달되는 메시지는 다음 요소들의 총합으로 상대방에게 인식된다.

✓ 그림
✓ 설명하는 단어
✓ 음성(속도, 높낮이, 강약 등)
✓ 바디 랭귀지(눈맞춤, 손 동작, 표정 등)

위의 4가지 요소들이 각자의 역할을 수행하면서 조화를 이뤄야만 당신의 메시지가 의도한 대로 전달될 것이고, 그렇지 않다면 당신의 메시지는 상대방에게 혼선만 일으킬 것이다.


## 단어

오로지 그림만으로 어떤 개념이나 느낌을 표현해보려고 도전하는 것은 무척 훌륭한 일이다. 그러나 그런 도전은 예술가들에게 맡기자. 그림과 적절한 단어를 함께 결합하면 훨씬 더 분명하게 메시지를 전달할 수 있는데 굳이 그림만 그리겠다고 고집할 필요는 없다. '소통을 위한 그림 그리기' 라는 우리의 목적을 잊지말자. 당신의 그림에 적절한 단어를 덧붙이는 건 다음과 같은 효과들을 가져다 준다.

✓ 그림은 어떤 단어를, 단어는 어떤 그림을 떠오르도록 만든
  다. 따라서 하나만 있을 때보다 기억이 손 쉬워진다.
✓ 그림의 특정 부분에 대해서 다시 설명하거나 질문을 받을
  때, 그 그림과 결부된 단어를 언급하면 되므로 혼선이 생기
  지 않는다.
✓ 어떤 단어를 곧바로 연상시키는 그림들이 모아지면 팀원들
  과 공통의 시각 언어를 만들어 나갈 수 있다.

## 목소리

우리는 누군가 "네" 라고 말해도 목소리 톤을 들으면 본심은
"아니오", 혹은 " 잘 모르겠는데요" 라고 말하고 있다는 걸 쉽
게 눈치챌 수 있다(물론 그건 아래 그림과 같이 표정에서도 드
러난다). 말 그 자체가 아니라, 말하는 방식이 그 말의 의미까
지 결정하는 경우는 이외에도 수없이 많다. 따라서 자신의 생
각을 상대방에게 전하려는 목적을 가지고 있는 우리에게 목소
리 또한 간과할 수 없는 디테일이다.

"네, 정말 재밌네요."

살아가면서 포커페이스가 필요한 순간도 많을 것이다. 그러나 그 순간은 적어도 프레젠테이션을 할 때는 아니다. 다음과 같이 당신의 목소리에도 분명한 메시지를 담아라.

✓ 회의실에 어떤 분위기가 조성되기를 원한다면 그 분위기에 당신의 목소리를 맞춰라. 예를 들어 진지한 분위기를 원한다면 진지한 목소리로, 가벼운 분위기를 원한다면 가벼운 목소리로.

✓ 그림에 담긴 핵심 메시지를 말할 때는 목소리에도 분명하게 힘을 담아라.

✓ 똑같은 톤의 목소리 만큼 지루한 것도 없다. 상황에 맞춰 목소리의 톤과 속도를 바꿔서 상대방의 관심을 붙잡아 두자.

## 눈맞춤

집중해서 그림을 그리는 것도 중요하지만 청중을 완전히 잊을 정도로 집중해서는 곤란하다. 따라서 청중을 등지고 그림을 그리는 것보다는 비스듬하게 서서 그림을 그리는 데 익숙해지는 것이 좋은데, 그렇게 하면 가끔 청중을 쳐다보면서 눈맞춤을 하기 편하기 때문이다. 눈맞춤은 상대방과 친밀한 관계를 맺는 가장 기본적인 소통방식으로, 상담학이나 신경언어 프로그램에서 말하는 라포(rapport; 신뢰와 친근감으로 형성된 공감대)의 첫걸음도 바로 눈맞춤을 통해서 이루어진다. 신뢰, 친근감, 공감대, 당신이 상대에게서 원하는 반응들이 여기에 다 있다. 우리가 프레젠테이션을 하면서 눈맞춤을 게을리

할 수 없는 이유다.

   그림을 그리면서, 혹은 그림 그리기를 잠시 멈추고 상대와 눈
맞춤을 하는 것은 다음과 같은 효과를 발휘한다.

✓ 함께 그림을 그려가고 있다는 느낌을 준다.
✓ 상대의 반응을 체크할 수 있다.
✓ 중요한 메시지에 더욱 힘을 담을 수 있다.

   일대일로 대화를 나누고 있다면 상관 없겠지만, 여러 명의 사
람들 앞에서 그림을 그리고 있다면 모든 사람들에게 시선을
골고루 주는 것도 중요하다. 당신의 시선을 한번도 받지 못한
참석자는 본능적으로 소외된 느낌을 받으면서 당신이 전하려
는 메시지에도 점점 흥미를 잃을 것이다. 물론 수많은 사람들
앞에서 프레젠테이션을 하고 있다면 모든 사람과 일일이 눈맞
춤을 한다는 건 사실상 불가능한 일이다. 하지만 이런 경우에
도 방법은 있다. 관객석의 특정한 부분만을 계속 보지말고 여
러 부분에 시선을 골고루 분산시켜 보자. 그러면 사람들은 당

신이 시선을 옮길 때마다 바로 자신을 바라보고 있다고 느낄 것이다. 발표자의 입장이 아닌 청중의 입장이 되어보면 금세 이런 심리를 이해할 수 있다.

## 시선의 공유

눈맞춤과 더불어 우리는 상대방의 시선에도 신경을 써야한다. 상대방을 두리번거리게 만드는 것보다 당신이 바라봐주기를 원하는 곳에 상대방의 시선을 고정시키는 것이 어떤 메시지를 전달하는 데 훨씬 도움이 되기 때문이다.

스파이크가 그림을 바라보면 당신의 시선도 자연스럽게 그림을 향하게 된다.

그런데 우리들에게는 믿거나 말거나 상대방의 시선을 조절하는 초능력이 있다. 한번 실험해 보고 싶다면 마주 앉아있는 친구의 뒤쪽을 그저 몇 초만 응시해 보자. 친구는 바로 뒤를 돌아보게 될 것이다. 사실 친구에게 "니 뒤 좀 봐봐" 라고 말하는 것보다 이 방법이 훨씬 더 빠르고 쉽다. 우리가 프레젠테이션을 할 때도 마찬가지인데 사람들은 본능적으로 당신이 바라보는 곳을 함께 바라보게 마련이다. 당신이 정면을 바라본 채 "자, 이제 왼쪽을 보세요." 라고 아무리 말해봤자, 아무 말 없이 그저 왼쪽을 바라보는 것보다 사람들의 시선을 더 빨리 왼쪽으로 돌릴 수는 없다. 자, 그럼 이런 사람들의 속성을 어떻게 우리의 그림 프레젠테이션에 적용해 볼 수 있을까? 간단하다. 사람들이 그림을 주시해주기를 바란다면 당신도 그 그림을 바라본 상태에서 이야기를 하면 된다. 그리고 그림에서 시선을 거두고 당신의 말에만 집중해주기를 바란다면 당신 역시 그림에서 시선을 떼어 상대방을 바라보면 된다. 그렇게 상대방과 당신의 시선이 다시 마주쳤을 때, 당신의 입에서 흘러나오는 핵심 메시지는 더 강한 임팩트로 상대의 뇌리에 박힐 것이다.

## 자세

모든 일이 그렇지만 그림 그리기도 그날 기분에 따라 잘 그려지기도 하고 잘 안 그려지기도 할 것이다. 그런데 그림이 잘 그려지지 않는다고 느껴지면 자신감이 떨어지고, 상대방은 그걸 금세 눈치 채서 서로가 불안해지는 악순환으로 이어질 수 있다. 우리가 그리려는 그림들이 아무리 단순하다고는 하지만 자신감 있게 그려진 그림과 의기소침하게 그려진 그림에는 분명한 차이가 있기 때문이다.

이럴 때 당신의 상태를 바꾸는 가장 빠른 방법은 '자세'를 바꾸는 것이다. 마음의 자세를 말하는 것이 아니라 실제 몸의 자세 말이다. 행복하니까 웃는 것이 아니라, 웃으니까 행복하다는 말이 있듯이, 신체의 움직임이 마음의 상태를 결정하기도 한다는 점을 기억해 두자. 그림이 잘 그려지지 않는다고 의기소침해 하지 말고 사람들 앞에서 말을 할 때는 다리를 어깨너비로 벌리고 허리를 꼿꼿이 세워보자. 그 즉시 한결 자신감이 생길 것이고, 상대방에게도 그 자신감이 전달될 것이다.

몸의 자세가 당신의 마음까지 결정할 수 있다.

## 호흡

숨 쉬는 것도 신체 작용의 일부이기 때문에 자세와 똑 같은 방식으로 우리의 마음을 전환시킬 수 있다. 긴장감은 사람의 호흡을 얕게 만드는데, 얕은 호흡은 다시 긴장감을 가중시켜 악순환을 만든다. 그러므로 사람들 앞에서 말을 할 때는 의식적으로 호흡을 깊게 만들어서 긴장감을 조절할 필요가 있다. 또한 호흡을 의식하는 것은 우리를 지금 이 순간에 집중하도록 만든다. 당당한 자세와 더불어 깊은 호흡으로 자신감 있게, 그리고 나의 생각을 상대에게 정확히 전달하려는 목적에 집중하면서 프레젠테이션을 진행해 보자.

## 제스처

말을 하면서 자연스럽게 나오는 손동작은 어쩌면 우리의 말들을 지휘하는 손길일지도 모른다. 나는 프레젠테이션 시연회에 참관하면, 학생들에게 양팔을 몸에 딱 붙인 채 이야기를 해 보라고 요청하곤 한다. 그러면 대부분 손이 자유로웠을 때와는 달리 말이 느려지거나 더듬거리게 되는데, 그건 우리의 제스처가 단지 헛된 동작이 아니라 말이 잘 흘러나오도록 이끌어주는 역할을 하고 있기 때문이다.

그런데 우리는 그림을 그리기 위한 펜을 손에 쥐고 있다는 사실을 기억하자. 펜을 손에 쥔 채 자연스럽게 제스처를 할 수도 있겠지만 문제는 사람에게는 손에 쥔 것을 계속 만지작거리는 버릇이 있다는 것이다. 상대방이 당신의 말을 듣는 데 쏟아야 할 집중력을, 펜을 만지작거리는 당신의 손으로 분산시키는 걸 원하는가? 그렇지 않다면 그림을 그리지 않을 때는 펜을 잠시 내려놓자. 그리고 자신감 넘치는 제스처들로 당신이 전하려는 핵심 메시지에 힘을 불어넣어 주자.

# 쌍방향 소통을 이끄는 질문들

회의나 프레젠테이션의 성격에 따라서 일방적으로 빠르게 정보를 전달하는 방식이 더 효과적일 때도 있을 것이다. 그러나 대부분의 사람들은 쌍방향 경험을 훨씬 더 잘 기억한다. 프레젠테이션 내내 수동적으로 듣고만 있는 것과 단 한 번이라도 참여하고 있다는 느낌을 받은 것과는 기억이라는 측면에서 엄청난 차이가 있다. 그렇다면 어떻게 청중들에게 참여하고 있다는 느낌을 줄 수 있을까? 가장 전통적이면서 간편하면서도 효과적인 방법은 상대에게 질문을 던지는 것이다.

## 열린 질문

이 질문은 당신이 어떤 의견이든지 기꺼이 받아들일 수 있을 때 도움이 된다. 다만, 질문과 답이 오고가는 시간이 길어져서 프레젠테이션의 흐름이 깨질 수 있다는 점을 염두에 두자. 그럴 때는 프레젠테이션이 끝난 뒤에 질문시간을 갖겠다고 사전에 양해를 구하면 된다.

✓ 이 비즈니스 프로세스에서 어떤 과정이 가장 중요하다고 생각하나요?
✓ 작년과 같은 실적하락을 막으려면 어떻게 해야 할까요?

## 닫힌 질문

닫힌 질문은 '예', '아니오'로만 답할 수 있는 질문이다. 당신의 설명에 대한 상대의 반응을 체크하고 싶거나 핵심 메시지를 한번 더 강조하고 싶을 때 도움이 된다. 상대방도 짧은 대답이지만 당신의 의견에 대해서 스스로도 한번 생각하게 되는 기회가 된다.

✓ 이 프로세스가 제대로 작동할 것 같나요?
✓ 한번 해볼 만한 시도 아닌가요? 그렇죠?

## 수사적 질문

형식은 의문문이지만 사실은 서로 답을 이미 알고 있어서 답을 말하거나 들을 필요가 없는 질문을 수사적 질문이라고 한다. 수사적 질문에는 '당연히 아니 경우' 와 '당연히 맞는 경우', 이렇게 두 가지 경우가 내포되어 있는데, 우리에게 도움이 되는 것은 '당연히 맞는 경우' 이다. 적절한 수사적 질문을 던지면 상대방은 입 밖으로 "네" 라고 대답하지는 않지만 마음속으로는 이미 '네' 라고 생각하고 있으므로 당신과 공감대가 형성될 것이다. 다음과 같은 두 가지 예시처럼 말이다.

✓ 처음 봤지만 한눈에 나랑 통하는 느낌을 주는 사람들이 있죠?
✓ 정말 사고 싶은 물건은 언제나 내 예산 범위를 넘어선 가격표를 달고 있지 않나요?

## 미완성 문장

이번 경우는 미완성형으로 문장을 제시해서 상대방이 나머지 문장을 완성하도록 유도하는 방법이다. 아래의 예시들처럼 다음에 올 말이 명확할 때 이 방법을 사용할 수 있는데, 당신은 자연스럽게 상대방의 반응을 유도할 수 있어서 좋고, 상대방도 손쉬운 대답으로 수동적인 입장에서 잠시 벗어날 수 있어서 좋다.

✓ 어떤 상황이든지 유리한 점이 있으면… (불리한 점도 있다)
✓ 인생에서 오르막길이 있으면… (내리막길도 있다)

이 밖에도 어떤 주제로 그림을 그릴 건지 미리 알려줌으로써 상대방이 그림에 대해 예측하도록 만들거나, 어떤 이미지를 '기억유발장치(memory jogger)' 로 활용하는 것도 쌍방향 소통을 이끄는 훌륭한 방법이다. 그럼 여기서는 '기억유발장치' 에 대한 예시를 하나 들어보자.

당신이 직원들에게 안전교육을 하면서, 특히 외부인이 매장에 어떤 수상한 물건을 두고 나가지는 않는지 늘 눈여겨봐야 한다는 걸 강조하고 있다고 가정해보자. 당신은 화이트보드에 부릅 뜬 눈알 두 개를 그리고, "늘 지켜봐야 한다" 라는 말을 덧붙였다. 그러면 그 이후부터는 당신이 직접 말을 하지 않고 그 그림을 가리키는 것만으로도 직원들이 "늘 지켜봐야 한다" 라는 말을 하도록 유도할 수 있다. 이를 테면 "예전에 다른 매장에서 외부인이 두고 간 수상한 물건 때문에 군부대 폭발물 처리반이 출동하고 난리도 아니었다. 그러니…" 라고 말하면서 부릅 뜬 눈알 그림, 즉 '기억유발장치' 를 손으로 가리키면 직원들은 자동적으로 "늘 지켜봐야 한다" 라는 당신의 핵심 메시지를 소리내어 대답하게 될 것이다.

지금까지 살펴본 것과 같이 쌍방향 소통을 이끄는 방법들은 아주 단순하지만, 당신의 메시지를 상대방이 잘 기억하도록 만드는 특효약이 되어 줄 것이다.

# 그림으로 대화할 때 발생할 수 있는 문제점들과 그 대처법

우리가 그림으로 소통하려는 이유는 그것이 가진 뛰어난 정보 전달력 때문만이 아니라, 그림이 만들어주는 편안하고 친근한 분위기 때문이기도 하다. 그러나 계속 그림을 그리다보면 당신은 편안한 실수를 반복하기보다는 좀더 완벽해지기를 바라게 될 것이다. 그럴 때 다음과 같은 문제점들에 대해서 미리 생각해 두는 것이 도움이 될 것이다.

## *그림이 종이에 비해 너무 크게 그려졌다.*

단순한 이미지 하나를 그릴 때는 그림의 크기가 문제되는 경우가 거의 없지만, 비즈니스 모델처럼 여러 가지 이미지들로 구성된 그림을 그리다보면 종이의 여백이 부족한 사태가 발생할 수 있다.

🔒 원인
✓ 첫 선을 긋는 시작점을 잘못 선택했다.
✓ 종이의 크기를 미리 의식하지 못했다.

## 🔓 해결책

✓ 다시 그린다. 모자란 여백에 나머지 그림들을 어떻게든 끼워맞추려고 진땀을 빼는 것보다는 상대방에게 양해를 구하고 처음부터 다시 그리는 것이 훨씬 더 프로답다.

✓ 실제 사이즈로 미리 그림을 그려본다. 그림의 사이즈가 문제가 될 수 있다는 것을 이제 알았으니 같은 실수를 반복하면 안 된다. 평소에 작은 종이 위에 그림을 연습했더라도, 사람들 앞에서는 화이트보드에 그림을 그릴 생각이라면 한 번쯤은 실제로 화이트보드에 그림을 그려보면서 사이즈에 대한 감각을 익혀두는 게 도움이 될 것이다.

## *무슨 그림을 그리려고 했는지 잊어버렸다.*

갑자기 머릿속이 하얘지면서 무슨 말을 하려고 했는지 도통 기억이 나지 않을 때가 있는 것과 마찬가지로, 무슨 그림을 그리려고 했는지 갑자기 생각이 나지 않는 경우가 있을 것이다. 물론 대부분의 사람들은 당신이 다시 그림을 그리기 시작할 때까지 너그럽게 기다려주겠지만, 그런 실수가 프로페셔널하지 못하다거나 준비가 덜 되었다는 인상을 주는 건 어쩔 수 없는 일이다.

## 🔒 원인

✓ 연습이 부족했다.

✓ 멘탈 블록(metal block)— 과도한 긴장감이나 감정적 요인 때문에 갑자기 기억이 차단되는 현상. 쉽게 말해서 순간적

으로 머릿속이 백지가 되는 일.

## 🔓 해결책

✔ 이 책에 있는 그림들이 아무리 단순하다고는 하지만 책을 덮고 똑같이 그려보라고 하면 제대로 그리기 힘들 것이다. 그냥 보기만 하는 것과 직접 그려보는 것은 완전히 다르다. 대충 눈으로 훑어보고 그리는 법을 다 알았다고 자만하지 말고 될 수 있는 한 여러 번 직접 그려보자.

✔ 당신이 서명을 하는 순간을 떠올려보자. 무의식 중에, 심지어 눈을 감고서도 그냥 한 번에 쓰윽 쓸 수 있지 않은가? 그건 머리가 아니라 손이 그 형태를 기억하고 있기 때문이다. 그림도 마찬가지여서 손으로 기억하고 있는 이미지는 머릿속이 하얘진 상태라고 해도 종이에 펜을 대는 순간 자동적으로 그려지게 마련이다. 물론 손이 어떤 이미지를 기억하게 만들려면 여러 번 그려봐야 한다. 특히 그리는 순서를 매번 똑같이 연습했을 때 훨씬 빨리 손에 익는다는 점을 기억하자.

✔ 어떤 그림을 그리다보면 매번 막히는 곳에서 막히는 경우가 종종 있다. 다른 부분들은 잘 기억이 나는데 특정 부분만 유독 잘 기억이 안 난다면 다른 방법이 없다. 그 부분을 집중적으로 연습하는 수밖에. 긍정적인 것은 당신이 어떤 부분이 잘 기억나지 않는지 잘 인식하고 있다는 점이다. 몇 번만 연습하면 금방 좋아질 것이다. 우리가 그리려는 소통을 위한 그림은 당신을 오랫동안 괴롭힐 만큼 어렵지 않다. 만약 그 정도로 어렵다면 그 그림은 이미 우리의 기준에서

는 탈락이다.

✓ 당신이 사람들 앞에서 그려야 할 그림들을 한데 모아서 작
은 컨닝 페이퍼를 만드는 것도 좋은 방법이다. 연설문을 보
고 읽지는 않지만 만약을 대비해서 눈 아래에 두는 것처럼
말이다. 그런데 그렇게까지 철저하게 준비했다면 실제로는
그 페이퍼가 필요 없을 가능성이 농후하다. 단지 심정적으
로는 꽤 안심이 될 것이다.

## 함께 그리기

우리는 자신만의 예술 세계를 펼치기 위해서 그림을 그리는
것이 아니라 다른 사람들과 소통하기 위한 그림을 그리는 게
목적이므로 혼자 그리는 것보다는 함께 그리는 것이 좋다. 그
리고 다른 사람이 내 그림을 흉내 내서 그리는 건 더 좋다. 왜
냐하면 그 사람과 나 사이에 공통의 시각 언어가 생기는 것이
기 때문이다. 그런데 당장 회의실에 앉아있는 열 명 남짓한 당
신의 팀원들에게 '이제부터 그림을 그려가면서 회의를 진행해
보자' 라고 제안했다고 해보자. 한두 명 정도만 긍정적인 반응
을 보여도 다행일 것이다. 대부분의 사람들은 스스로 그림을
못 그린다고 생각하고 있는데 이건 '스킬' 의 문제라기보다는
'믿음' 의 문제다. 미술 전공자가 아니라면 대부분 그림 그리
기와 관련해서 좋은 소리를 들어본 경험이 없기 때문에 그림
은 내 능력 밖의 일이라고 단정지은 채 살아온 것이다.

자, 그럼 이런 사람들에게 어떻게 하면 그림 그리기를 시작하

게 만들 수 있을까? 어떤 일을 시작하게 하는 자극점은 사람들마다 다르니까 수만 가지 방법이 있겠지만, 우선 다음의 몇 가지 방법들로 사람들을 유혹해 보자.

## 이유를 주자

타당한 이유를 대면 금방 수긍하는 사람들이 있다. 그림으로 소통하는 것이 효과적인 이유를 다음과 같은 내용에 초점을 맞춰서 설명해 주자.

✓ 백 마디 말도 그림 하나로 압축될 수 있다.
✓ 못 그려도 상관없다. 뜻이 전달되기만 하면 성공이다.
✓ 아이디어를 그림으로 풀어내면 전에는 생각하지 못했던 것들이 '보인다'.
✓ 그림을 통해서 당신이 전달하려는 핵심 메시지가 상대에게 강하게 각인된다.

## 일단 그려보게 하자

앞서 얘기했지만, 그림을 그리기 위해서는 '스킬'이 아니라 '믿음'이 필요하기 때문에 실제로 얼마나 쉽게 그림을 그릴 수 있는지 확인하게 해주면 부담감이 금방 해소될 것이다. 다음과 같이 정말 쉬운 그림부터 함께 그려보자.

✓ 우리의 캐릭터 스파이크 그리기
✓ 막대 인간 그리기

✓ 삼각형, 사각형, 원과 같은 기본 도형과 화살표 그리기
✓ 회사, 집, 회의, 시계 등, 여러 가지 의미를 부여할 수 있는 단순한 이미지들 그리기

## 회의실 구조를 바꿔보자

　사람들은 분위기가 바뀌면 평소에는 하지 않던 일도 하게 되는 경우가 있다. 딱딱한 분위기의 회의실에 작은 변화를 주는 것만으로도 사람들에게 새로운 시도를 해보고자 하는 마음을 불러일으킬 수 있다. 커다란 회의 탁자를 치우고 세네 명이 앉을 수 있는 작은 탁자들로 카페 같은 분위기를 연출한다든지, 전통적으로 교육 과정의 효과를 높이는 것으로 알려진 말굽 편자 모양으로 자리를 재배치할 수도 있을 것이다. 물론 당신에게 회의실 구조를 바꿀 권한이 없거나 공간 자체가 극히 제한적이어서 구조를 바꾸는 것 자체가 불가능한 경우도 많을 것이다. 그러나 포기하지 말자. 데생용 석고상을 갖다 놓은 등의 사소한 아이디어만으로도 회의실 분위기를 긍정적으로 전환시킬 수 있다. 어차피 소통을 위한 그림 그리기는 복도에서 마주친 동료와 벽에 기댄 채 시작해도 된다. 중요한 것은 신선한 분위기를 만드는 것이다.

## 근사한 그림도구들로 유혹하자

　도구와 결과 사이의 관계는 닭이 먼저냐 달걀이 먼저냐 하는 문제와 비슷하다. 그림을 점점 잘 그리게 되어서 좋은 도구

가 필요할 수도 있지만, 먼저 좋은 도구를 사두었기 때문에 그림 실력이 좋아질 수도 있는 것이다. 앞에서 소개했던 인터렉티브 화이트보드나 비주얼라이저처럼 비싸고 부피가 큰 도구들을 무턱대고 사라는 얘기는 아니다. 그저 가까운 문방구에 들러서 고급 사인펜을 하나 사는 것만으로도 어떤 창의적인 영감이 떠오를지도 모를 일이다. 또한 함께 그림을 그려보자는 얘기를, 팀원들에게 예쁜 필기구를 선물하는 것으로 대신하는 것만큼 세련된 제안도 드물 것이다.

## 음악을 틀어보자

사무실에 울려퍼지는 잔잔한 배경음악은 부드러운 분위기를 만들어 줄 뿐만 아니라, 업무 효율을 높여준다는 연구 결과도 있다. 그러나 일을 하다보면 음악이 전혀 어울리지 않는 상황도 생긴다는 걸 염두에 두어야 하고, 너무 빠르거나 느린 음악, 그리고 가사가 있는 노래는 오히려 집중력을 방해하기 때문에 피하는 것이 좋다.

나는 그림 강의를 할 때 바로크 음악을 종종 틀어놓고는 하는데 학생들의 반응이 나쁘지 않았다. 바흐, 헨델, 비발디 같은 바로크 음악은 대부분 1분에 60비트 정도로, 졸릴 만큼 느리지도 않고 산만해질 만큼 빠르지도 않아서 창의적인 작업을 할 때 배경음악으로 틀어두기에 알맞다. 물론 음악에 대한 취향은 개인마다 다르므로, 사전에 팀원들의 의견을 수렴해서 가장 적절한 것을 고르는 것이 역효과를 피하는 방법이다.

## 스스로 즐겨라

상대방에게 어떤 일을 권하는 가장 좋은 방법은 당신이 그 일을 즐겁게 하는 모습을 보여주는 것이다. 잘 준비된 모습으로, 그리고 열정적으로 당신의 생각을 그림으로 표현해서 상대방에게 보여주자. 모든 것은 시작이 중요하다. 과정도 중요하고 결과도 중요하지만 아무리 생각해봐도 시작이 가장 중요하다. 시작이 없으면 단계와 결과는 아예 존재할 수 없으니까 말이다. 일단 함께 그림을 그려보자. 소통을 위한 그림이 얼마나 쉬운지, 또 얼마나 효과가 있는지 직접 체험한 뒤에는 당신의 동료가 먼저 종이와 볼펜을 들고 당신을 찾아올 것이다.

***자, 당신이 지금부터 시작해야 할 것은 다음 2가지다.***

✓ 당신의 그림 실력이 완벽해질 때까지 기다리지 마라. 사람들 앞에서 그림을 그린다는 긴장감 때문에 당신의 생각을 그림으로 그려서 전달하는 일을 자꾸 뒤로 미룰 필요는 없다. 이 책의 그림들을 보면 알겠지만 뭘 그렸는지 알아볼 만하게만 그리면 된다. 당신의 생각이 상대방에게 전달되는 그림, 그것이면 충분하다.

✓ 당신이 열정적으로 그림을 그리는 모습 자체가 상대방에게는 하나의 메시지가 된다. 자신의 생각을 신속하고 정확하게 전달하려는 노력은, 당신이 전달하려는 핵심 메시지를 더욱 인상 깊게 만들어서 상대방을 사로잡을 것이다. 그리고 그런 긍정적인 반응을 얻을수록, 그림에 대한 당신의 자신감이 더욱 높아지는 선순환이 시작될 것이다.

# 📑 요약

- 그림으로 대화하는 데 익숙해지면 격식에서 자유로워지고 어떤 문제를 전체적으로 조망할 수 있다.

- 모두 미리 그려두기, 일부분만 미리 그려두기, 말하면서 그리기 중에서 자신이 전달하려는 메시지에 가장 적합한 방법을 선택하자.

- 플립차트, 화이트보드, 비주얼라이저 등 적절한 도구들을 이용하면 그림을 통한 대화가 훨씬 더 수월해진다.

- 자리 배치, 목소리, 눈맞춤 등 프레젠테이션의 기본적인 디테일들을 챙기면 당신의 그림들이 더욱 인상적으로 전달된다.

- 몸의 자세가 당신의 마음까지 결정할 수 있다. 그러므로 허리를 곧추 세우고 당당한 자세로 당신의 그림을 설명하라.

- 여러 가지 질문법을 활용하면 상대방을 쌍방향 소통으로 이끌 수 있다.

- 당신이 그린 이미지를 기억유발장치로 활용하면 핵심 메시지가 훨씬 더 쉽게 기억된다.

- 스스로 즐기는 모습을 보여주는 것이 다른 사람에게 그림 그리기를 권하는 가장 빠른 길이다.


# 🕐 더 연습하기

당신이 실제로 어떤 프레젠테이션을 준비하고 있다면 그 주제가 그림으로 대화하는 법을 연습해 볼 가장 좋은 주제다.

만약 그렇지 않다면 평소에 관심이 있었던 주제들 중 하나를 선택해도 좋다. 주제를 정했으면 다음과 같은 순서대로 구체화시켜 보자.

- ✎ 핵심 메시지를 한 문장으로 정리한다.
- ✎ 핵심 메시지를 전달하기 위해서 설명이 필요한 세부항목들을 작성한다.
- ✎ 핵심 메시지와 세부항목들을 되뇌이면서 떠오르는 이미지들을 스케치한다.
- ✎ 스케치들을 좀더 단순하고 명확하게 다듬는다.
- ✎ 그림들을 어떤 순서로 제시할지 구상해 본다.
- ✎ 그 그림들을 모두 미리 그려둘지, 일부분만 그려둘지, 아니면 모두 실시간으로 그릴지 결정한다.
- ✎ 친한 동료나 친구 앞에서 준비한 대로 프레젠테이션을 해 본다.
- ✎ 반응을 체크하고 부족한 점을 보완하거나 새로운 아이디어를 덧붙인다.

# 투 비주얼의 힘

'투 비주얼(two visuals)' 이란 용어를 통해 내가 의미하고자 하는 바는 왼쪽과 오른쪽, 이렇게 2개로 나뉘어진 그림을 통한 정보전달이다. 아래 그림에서 스파이크가 2개의 플립차트를 활용하고 있는 것처럼 말이다.

시간을 표현하기—과거를 왼쪽, 미래를 오른쪽에 배치하는 게 대부분의 사람들에게 자연스럽게 보인다.

물론 꼭 2개의 차트가 있어야 한다는 의미는 아니다. 다음 페이지의 그림처럼 화이트보드 가운데에 선 하나를 긋는 것만 으로도 훌륭한 투 비주얼이 된다. 투 비주얼을 통해 우리는 여 러 가지 대조되는 개념들을 표현하거나 어떤 주제에 대한 정리 를 시각적으로 보여줄 수 있다. 따라서 처음부터 끝까지 투 비 주얼을 사용하는 것보다는 필요할 때마다 적절하게 사용하는 것이 중요한데, 투 비주얼이 가져다 주는 효과는 당신이 예상하고 있는 것보다 훨씬 더 복합적이고 강력하다.

## 왜 투 비주얼인가?

우리가 프레젠테이션을 하는 목적이 단순히 어떤 정보를 전달하는 것이라면 그 목적에 맞게 건조한 정보들만 나열하여도 나쁘지는 않다. 그러나 일을 하다보면 듣는 사람의 심장과 정신을 설득시키는 게 더욱 중요할 때도 많다. 그리고 이런 경우에 우리는 단순한 정보 그 이상의 것을 전달할 수 있어야만 한다.

빈틈없는 논리로 사람들을 납득시키면 그만이라고 생각할 수도 있지만 사람들은 종종 심정적으로 뭔가 연결된다는 느낌이 들어야 비로서 당신이 하는 말을 신뢰하게 된다. 감정이 움직여야 당신이 전달하려는 말이 색다르게 다가오고, 그래야만 당신의 말 대로 하고 싶은 의욕이 생기는 것이다.

물론 사람의 마음을 움직이는 방법에는 여러 가지가 있을 것이다. 스토리텔링으로 사람들을 감동시킬 수도 있고 깜짝 놀랄 만한 통계자료를 제시하거나 유명 인사의 어록을 인용하면서 청중의 마음을 움직일 수도 있을 것이다. 나는 여기에 더해서 투 비주얼 또한 그런 역할을 할 수 있다는 걸 보여주고자 한다. 투 비주얼은 사람의 감정을 어느 한쪽에서 다른 한쪽으로 움직이게 하는 아주 효과적인 방법이면서 그림으로 타인과 소통하는 방법을 배우고자 하는 우리의 목적에도 잘 부합되는 방법이다.

투 비주얼은 기본적으로 두 개의 대조적인 아이디어를 쉽게 보여주는 방식인데 이 방식은 우리가 프레젠테이션을 하면서 사람들에게 불러 일으키고자 하는 감정, 즉 호기심, 걱정, 놀람, 신뢰, 평온, 흥분 등을 효과적으로 이끌어낼 수 있다. 왜냐하면 감정이란 서로 대조되는 생각들 사이에서 더욱 선명하게 촉발되기 때문이다.

*다음의 예시 그림을 보고 이 그림들이 어떤 작용을 하는지 살펴보자.*

험한 바다, 그리고 맑은 하늘 아래 시선이 탁 트인 산 정상. 이처럼 은유적인 그림들은 서로 반대되는 상황을 묘사하기에 적당하다. 두 그림이 보여주는 대조적인 정보는 서로 다른 감정을 불러일으키면서 두 가지 아이디어를 확실하게 각인시킨다.

| 현재 상황 | 새로운 시장 |
|---|---|
| 위협 | 기회 |
| 위험수역 | 안정성 |

위와 같은 투 비주얼 그림이 가져다주는 효과는 구체적으로 다음과 같다.

## 1. 차이점이 두드러져서 둘 사이를 더욱 명확하게 구분할 수 있고 그 차이점들을 기억하기 쉽다.

이런 단순한 개념들을 그냥 말로 설명하는 되지 힘들게 그림까지 그릴 필요가 있겠냐고 생각할 수 있지만 단순한 개념도 시각화 했을 때와 그렇지 않았을 때, 그 전달력에 있어서 극명한 차이가 있다. 또한 대조되는 그림을 한데 뭉쳐서 그리는 것보다 투 비주얼로 질서정연하게 나누어 놓으면 청중들은 둘 사이의 차이점을 훨씬 쉽게 인식하고 기억한다.

## 2. 당신이 전달하고자하는 개념을 특정한 위치에 정박(anchoring)시킬 수 있다.

투 비주얼은 어떤 개념의 위치를 자신의 의도대로 정할 수 있기 때문에 청중의 감정을 특정한 개념과 결속시키기에 유리하다. 예를 들어 어떤 비즈니스 모델에 부정적인 감정을 연결시키고 또 다른 비즈니스 모델에 긍정적인 감정을 연결시키는 식으로 말이다. 신경언어 프로그래밍에서 말하는 앵커링 기법과 비슷한 이 방식을 이용하면 당신이 전달하고자 하는 아이디어와 청중의 감정을 강하게 연결시킬 수 있다.

## 3. 시간의 흐름을 직관적으로 보여줄 수 있다.

어찌된 일인지는 모르지만 우리는 왼쪽을 과거로, 오른쪽을 미래로 인식하는 게 자연스럽다. 글자를 읽을 때 왼쪽에서 오른쪽으로 읽고 0부터 100까지 숫자를 쓴다면 0을 가장 왼쪽에 100을 가장 오른쪽에 두는 것처럼 말이다. 따라서 투 비주얼에서 과거와 관련된 것은 왼쪽에, 미래와 관련된 것은 오른쪽에 그리는 것은 지극히 자연스러워서 사람들은 당신이 그린 투 비주얼을 보는 것만으로 눈 앞에서 시간의 흐름을 보는 듯한 느낌을 가질 수 있다. 한편, 이런 본능적인 인식을 역이용해서 과거를 오른쪽에, 미래를 왼쪽에 둠으로써 뭔가 특이한 느낌과 정보를 전달하는 것도 고려해볼 만할 것이다.

## 4. 청중의 주목을 쉽게, 그리고 즉각적으로 전환시킬 수 있다.

청중의 사로잡았다는 걸 보여주는 가장 분명한 증거는 당신이 청중의 시선을 이쪽에서 저쪽으로 자유자재로 전환시킬 수 있느냐 하는 것이다. 똑같은 리듬이 이어지는 음악을 듣다가 갑자기 변주가 되면 집중력이 순식간에 높아지듯이 투 비주얼을 이용해서 청중의 시선을 시기적절하게 전환시키면 당신은 마치 오케스트라이 지휘자처럼 프레젠테이션의 리듬을 조율해 나갈 수 있다.

여기에 더해서 당신이 투 비주얼 사이를 왔다갔다 하면서 이야기를 진행한다면 청중은 당신의 이동 방향에 따라서 어떤 주제에 집중하기도 하고, 멀어지기도 하고, 때로는 주제가 전환되는 장면을 시각적으로 목격하게 된다.

## 5. 자연스러운 스토리텔링으로 사람들에게 생각의 여행을 선사한다.

사람을 설득시킨다는 건, 이를테면 그들이 현재 가지고 있는 생각에서 새로운 생각으로 여행을 하도록 만드는 일이다. 생각해 보라. 가본 적이 없는 미지의 세계로 사람들을 움직이게 만든다는 건 얼마나 어려운 일인가. 그런데 그 어려운 일을 해내는 데 있어서 투 비주얼은 놀라울 정도로 효과적인 장치이다. 투 비주얼은 사람들이 현재 가지고 있는 생각에서 새로운 생각으로 향할 때 얻을 수 있는 이점들을 자연스럽게 보여준다. 또한 사람들은 이야기 형식의 설득에 더욱 쉽게 반응하기 마련인데 투 비주얼은 그 자체로 우리에게 어떤 이야기 포맷을 제공한다. 예를 들어 투 비주얼 중 왼쪽에 불만스러운 고객을 나타내는 몇 가지 이미지를 그리고, 오른쪽에는 만족해 하는 고객의 이미지를 그려넣는다면 우리는 벌써 어떻게 문제해결이 되었는지에 대한 이야기를 머릿속으로 구상할 수밖에 없다. 이런 이야기 포맷을 만들기 위해서 복잡한 장치는 전혀 필요 없다. 단지 몇 가지 상징적인 이미지를 투 비주얼로 나누어 놓기만 하면 되는 것이다.

## 6. 회의, 프레젠테이션, 워크샵의 방향을 확실하게 잡아준다.

투 비주얼은 가장 강력한 시작이다. 아래의 예시들처럼 대조되는 단순한 개념들이 시각적으로 명확하게 구분되어 보여질 때, 회의의 참가자들은 따로 말하지 않아도 회의의 전체 내용을 처음부터 조망할 수 있고 그만큼 결론에 도달하는 시간도 단축된다.

| 왼쪽 | 오른쪽 |
|------|--------|
| • 지금 우리가 있는 곳 | • 앞으로 우리가 가야 할 곳 |
| • 지금 발생하고 있는 문제점들 | • 바람직한 결과 |
| • 옛날 방식 | • 새로운 방식 |

이 외에도 어떤 회의나 워크샵을 시작할 때, 의견을 나누어야 될 주제를 선명하게 만들어 주는 대조적인 개념들은 얼마든지 있을 것이다. 그 어떤 주제든지 투 비주얼은 훌륭한 시작점이 되어 줄 것이다.

# 투 비주얼에 활용될 수 있는 대조적인 이미지와 개념들

위기
단점
걱정

기회
장점
기대

부정
문제
나쁜 소식

긍정
해결
좋은 소식

이론
개념
타당성

실제
적용
진취성

과거
그때
오래된

미래
지금
새로운

생각
통찰
연구

행동
실무
실행

## 투 비주얼로 이야기를 풀어나갈 때 유용한 팁

*왼쪽이나 오른쪽이냐, 아니면 중앙이냐, 당신이 설*
*자리를 정해라*

투 비주얼을 이용할 때 당신이 어느 위치에 서 있느냐는 중요한 문제다. 서 있는 위치 자체가 당신이 전하려는 정보와 원하는 효과가 무엇인지를 어느 정도 드러내주기 때문이다.

*중앙은 가장 힘이 센 자리이다. 따라서 핵심 메시지를 전할 때면 중앙에 서라.*

앞서 살펴 보았지만 우리가 투 비주얼을 사용하면서 기대하는 효과는 다음과 같다.

✓ 시간의 흐름을 시각화한다
✓ 차이점을 두드러지게 해서 둘 사이의 구분을 확실하게 각인시킨다.
✓ 어떤 개념을 특정한 위치로 정박시킨다.
✓ 시선을 즉각 전환시킨다.

그러나 이렇게 개념들을 투 비주얼로 나누고 스토리를 만들어 가는 근본적인 목적을 잊지 말아야 한다. 그것은 상대에게 내 머릿속의 핵심 메시지를 정확하고 분명하게 전달하는 것이다. 중앙의 자리는 그런 핵심 메시지를 전달하기에 최적의 위치이다. 그렇다면 우리는 투 비주얼을 사용하면서 어느 위치에 설지 어떻게 결정해야 할까? 그 원칙은 굳이 말할 필요가 있을까 싶을 정도로 단순하지만 당신은 분명하게 의식을 하면서 자신이 설 위치를 정해야만 투 비주얼의 효과를 극대화 시킬 수 있다.

예를 들어 왼쪽에 과거의 이미지들을, 그리고 오른쪽에 미래의 이미지를 그렸다고 해보자. 그런데 오른쪽에 서서 과거에 관한 이야기를 하고, 왼쪽에 서서 미래에 관한 이야기를 한다면 당신과 상대방은 전혀 동화되지 않는다. 당신은 자신이 하고 있는 말과 연관된 이미지 옆에 분명하게 의식을 하면서 서 있어야 한다. 이것은 시각적으로도 영리한 선택일 뿐만 아니라 동기부여와 설득의 측면에서도 효과적이다. 당신이 이동할 때마다 청중들은 자연스럽게 과거와 미래에 대한 느낌을 전환시킬 것이기 때문이다.

이런 위치 선정은 과거와 미래라는 개념에서 뿐만 아니라 문제점과 해결책, 단점과 장점 등 수많은 개념들에도 똑같이 적용될 수 있다. 한편 투 비주얼을 어떤 환경에서 이용하느냐에 따라 당신의 위치를 조금씩 다르게 정할 수도 있다.

**하나의 화이트 보드**— 다음의 그림처럼 화이트 보드의 왼쪽, 오른쪽, 그리고 중앙 자리를 이용한다.

왼쪽 = 과거          가운데 = 현재          오른쪽 = 미래

**두 개의 플립차트를 이용하는 경우**— 왼쪽 차트 옆과 오른쪽 차트 옆, 그리고 가운데 빈 공간을 이용한다.

**하나의 플립차트를 이용하는 경우**— 공간의 제약상 하나의 플립차트를 넘겨가며 사용해야 할 경우에도 위치 선정의 효과를 줄 수 있다. 예를 들어 과거에 관한 이미지를 그릴 때는 왼쪽에 서서, 그리고 미래에 관한 이미지는 오른쪽에 서서 그림을 그리는 것이다. 그리고 핵심 메시지를 전할 때는 차트를 등지고 선다.

## 적절한 단어 선택

당신이 그린 이미지를 어떤 단어로 설명하느냐도 무척 중요한 문제다. 우리는 말 한마디의 힘을 잘 알고 있다. 특정 단어들은 그 말을 뱉는 즉시 듣는 사람들에게 어떤 감정을 불러일으키는데, 당신과 생각을 공유하기를 바라는 사람들 앞에서 어떻게 아무 말이나 내뱉을 수 있단 말인가? 그만큼 우리는 단어선택에 신중해져야 한다.

예를 들어 어떤 단어는 그 자체로 부정적인 감정을 불러일으키므로 이런 단어들을 적절하게 사용하면 어떤 문제로 인해 우리가 겪는 고통을 부각시키면서 동시에 그 문제를 해결해야만 한다는 동기부여 효과까지 낼 수 있다. 그렇게 동기부여가 되면 사람들은 당신이 제시하는 해결책에 귀를 기울일 수밖에 없다. 적절한 단어 선택 하나가 당신의 프레젠테이션에 선순환의 물결을 일으키는 것이다.

그럼, 당신이 투 비주얼을 통해 왼쪽에는 문제점들을 나타내는 이미지들을, 오른쪽에는 해결책을 나태내는 이미지들을 그려놓았다고 해보자. 당신은 어떤 단어를 선택해서 둘 사이의 차이점을 부각시키고 상대방이 당신의 해결책에 공감하게 할 것인가? 다음의 예시를 참고해 보자.

## 문제점을 표현하는 단어들

*걱정, 소란, 어려움, 번거로움, 실망… 등등*

당신이 이런 단어들을 말하는 순간 청중들은 어떤 정보와 함께 심정적으로도 당신과 교감하기 시작한다. 감정적인 연결이 가치 있는 이유는 위와 같은 부정적인 감정을 일으키는 단어들이 청중들에게 문제해결을 위한 동기를 부여하고 당신이 제시하려는 해결책에 적극적으로 관심을 갖게 만들기 때문이다.

## 해결책을 표현하는 단어들

*쉬운, 더 나은, 성공적인, 자심감 있는, 진보적인, 보상, 신나는… 등등*

당신은 이미 해결책을 의미하는 그림들을 그릴 수 있으므로 거기에 걸맞는 단어를 선택하는 것은 그리 어려운 일이 아니다. 당신의 그림이 주는 느낌을 잘 표현해주는 단어를 떠올리면 되기 때문이다. 그리고 그림 따로, 단어 따로가 아니라 둘이 결합했을 때 훨씬 쉽게 청중과 감정적으로 연결될 수 있다는 점을 잊지마라. 또한 당신이 위와 같은 긍적적인 의미의 단어를 말했을 때 청중들의 표정이 어떻게 변하는지도 잘 살펴

볼 필요가 있다. 그들의 표정이 당신이 지금 잘 하고 있다는 증거가 될 뿐만 아니라 앞으로 어떻게 진행해야 하는지에 대한 지표가 되어줄 것이다.

## 목소리와 제스처

앞장에서도 언급했지만 마음이 몸을 바꾸는 것보다, 몸이 마음을 바꾸는 속도가 훨씬 더 빠르다. 이를 테면 마음이 즐거워져서 몸이 건강해지는 건 한참 걸리는 일이지만, 지금 즐겁지 않아도 입을 벌려 웃는 시늉을 하면 금세 기분이 진짜로 좋아질 수 있는 것이다. 이런 인체 생리학적인 특성은 투 비주얼을 통해 대조적인 개념들을 설명할 때도 활용될 수 있다.

당신은 연기자가 아니겠지만 상대를 설득하기 위해서는 어느 정도 연기를 하는 것도 필요하다. 그렇다고 연기 학원을 다니라는 얘기는 아니다. 다만 앞에서 말한 인체 생리학적인 특성을 활용해 보라는 것이다. 두 손으로 머리를 감싸쥐고 우울하게 웅크려보라. 당신의 기분과 목소리는 거기에 맞춰 다소 쓸쓸해질 것이다. 반대로 몸을 곧추 세우고 미소를 지어보라. 당신의 기분과 목소리는 금세 한결 밝아질 것이다. 자, 이제 연기의 기본적인 원리를 알았으니 우리의 투 비주얼에 적용해 보자.

예를 들어 당신이 투 비주얼의 왼쪽에 서서 걱정과 불만에 대해서 설명하고 있다고 해보자. 머리를 손으로 감싸쥐는 행동만으로도 당신은 그림과 단어에 더해 상대에게 전달하고자 하는 메시지에 걸맞는 목소리로 얘기할 수 있을 것이다. 이번에는 오른쪽에 서서 긍정적인 해결책에 대해서 말한다고 해보자. 당당하게 가슴을 펴고 웃는 얼굴을 한다면 당신의 입에서는 에너지가 한껏 고조된 목소리가 나올 것이다.

청중들은 당신의 마음상태를 귀신 같은 알아내고, 당신의 에너지에 직접적으로 영향을 받는다. 따라서 투 비주얼 속의 그림과 적절한 단어, 그리고 당시의 제스처와 목소리가 한데 어울려 조화를 이루도록 신경을 쓰자. 곧 당신은 상대의 호응이라는 값비싼 열매를 얻을 것이다.

## 시선 처리

당신이 어딘가를 바라보면 청중도 그곳을 바라본다. 따라서 투 비주얼에서 왼쪽과 오른쪽을 자주 번갈아가며 언급해야 할 때는 서 있는 위치를 번거롭게 바꾸는 것보다는 시선을 옮김으로써 자연스럽게 청중의 주목을 이끄는 것이 더 효율적이다. 또한 양쪽의 그림을 동시에 보면서 이야기를 진행해야 할 때는 시선의 이동만으로 간단히 주제를 전환할 수도 있다.

## 상대의 적극적인 의견 제시를 유도해 주는 투 비주얼

당신의 아이디어를 효과적으로 보여준다는 것외에도 투 비주얼은 듣는 상대의 참여를 유도하기에도 적합한 방식이다. 예를 들어 당신이 왼쪽 차트에 어떤 부정적인 이미지를 그리고 청중에게 생각나는 단어들을 말해보라고 하면 그들은 스스럼없이 자신들의 머릿속에 떠오르는 단어들을 말할 것이다. 그들이 의견을 제시하면 당신은 받아들이면서 그 자리에 계속 머무는 것만으로도 그 구역은 부정적인 이미지들로 각인된다. 이야기를 이끌어나갈 토대가 자동적으로 세팅되는 것이다. 이제 당신은 차트의 중앙으로 이동하여 중립적인 입장에서 부정적인 이미지들을 바라보는 동시에 긍정적인 구역이 될 오른쪽으로 이동할 준비를 한다. 오른쪽에 서서 아까와 마찬가지로, 그러나 이번에는 긍정적인 의견 제시를 받아들이면서 둘 사이를 확실히 구분짓고 최종적으로 중앙으로 이동해서 당신의 핵심 메시지를 전달하는 것이다.

한편, 청중을 앞으로 불러내서 직접 차트에 그림이나 단어를 그리게 하는 것도 고려해 볼 만하다. 이렇게 청중의 적극적인 참여를 유도하면 그들은 당신이 말하려는 바를 듣는 관찰자가 아니라 직접 문제해결에 참여해야만 하는 당사자가 된다. 가만히 앉아 있는 것보다는 자리에서 일어나 직접 그림을 그리는 것이 그들의 참여의식을 훨씬 공고하게 한다는 건 두 말할 필요도 없을 것이다. 청중을 불러낼 때 주의해야 할 점은 당신이 왼쪽과 오른쪽을 각각 부정적인 구역과 긍정적인 구역으로 나누어 의식했듯이 청중들도 그 가상의 선에 맞추어 움직이도록 안내해야 한다는 것이다.

## 투 비주얼을 사용하면서 주의해야 할 점

당신이 원하는 결론으로 상대의 생각을 자연스럽게 이동시키고 그들과 심정적으로도 결속되어 강력한 설득의 효과를 내는 투 비주얼이지만 주의할 사항이 없는 건 아니다. 다음의 규칙들을 잘 새기고 있어야만 투 비주얼의 효과를 제대로 극대화시킬 수 있을 것이다.

✓ **말을 하면서 아무런 의도없이 서성대지 마라**— 만약 당신이 어떤 발표를 하면서 종잡을 수 없이 좌우를 왔다갔다 한다면 투 비주얼로 애써 세팅된 이야기 라인은 무용지물이 되고 만다. 더구나 당신의 움직임에 청중들도 산만해져서 당신이 하려는 말을 따라잡지 못할 것이다.

✓ **명확한 목적이 없는 투 비주얼은 흔해빠진 수법일 뿐이다**— 특정한 목적 없이 제시된 투 비주얼은 사람들에게 지루함만을 선사할 뿐이다. 두 가지 개념을 분리해서 그 차이를 확연히 드러내야만 하는 중요한 이유가 있을 때, 투 비주얼은 가장 강력한 효과를 발휘한다.

✓ **그림을 그릴 때는 당신의 자세가 흐트러지는 걸 상관하지 마라**— 투 비주얼 사이를 왔다갔다 하면서 그림을 그리다 보면 당신의 다리가 좀 우스꽝스럽게 벌어진다거나 청중들과 완전히 등을 지고 서게될 수도 있다. 그러나 그런 것을 의식하는 것보다는 그림을 그리는 데 더 집중하는 것이 현명하다. 그림을 그리고나서 당신의 핵심 메시지를 전하고자 하는 바로 그때, 자신감있고 확신에 찬 자세로 돌아가는 것만으로 충분하다.

## 연습과 개선을 통해 당신만의 투 비주얼을 만들어라.

이 장에서 내가 추천한 것들은 단지 앞으로 더 발전해나갈 당신의 그림 실력과 프레젠테이션 기술의 기본 토대일 뿐이다. 연습과 실험을 통해서 당신에게 가장 잘 맞는 형식으로 얼마든지 변경해도 좋다. 계속 해나가다 보면 누가 가르쳐주지 않아도 당신은 자신에게 가장 잘 맞는 방법을 본능적으로 알아낼 수 있을 것이다.

## 요약

- 대조를 강조하고 싶으면 투 비주얼을 써라. 예를 들어 과거/미래, 문제/해결
- 당신의 그림을 왼쪽과 오른쪽으로 구분지어 배치하라. 그러면 사람들은 그 위치와 그 개념을 연결시켜 생각하기 시작할 것이다.
- 발표를 하면서 왼쪽, 오른쪽, 혹은 중앙에 확실하게 자리를 잡고 서있어라. 어중간하게 서있거나 쓸데없이 서성이는 건 금물이다.
- 만약 당신이 과거/미래에 대한 투 비주얼을 만들었다면 그 중앙에 서있을 때는 현재에 대해서 말하는 것이 좋다.
- 당신이 상대에게 불러일으키고자 하는 감정을 잘 나타내는 단어들을 적절하게 사용하라. 이를 테면 걱정, 불안, 혹은 긍정, 활기
- 중앙의 자리는 당신의 핵심 메시지를 전할 때 최적의 위치

가 된다.

✎ 청중에게 직접 투 비주얼을 채워보라고 질문을 던지는 것
도 고려해 보라.

## 🕐 더 연습하기

투 비주얼을 준비하는 다음의 단계들에 맞춰 당신의 생각을
정리해 보자.

✎ 양면이 모두 존재하는 비즈니스적인 문제를 하나 정해본
다. 이 문제를 어떤 특정한 사람이나 그룹에게 일목요연하게
설명해야 한다면 당신은 다음과 같은 구분법을 고려해 볼 수
있다. 부정과 긍정, 문제와 해결, 과거와 미래, 오래된 방식과
새로운 방식. 어떤 구분법이 적절하겠는가?

✎ 종이 두 장을 당신 앞에 나란하게 놓아보자

• 왼쪽의 종이에 부정, 문제, 과거, 오래된 방식과 관련된 것은
무엇이든 좋으니 마음대로 그림을 그리고 단어를 써두자.

• 이번에는 오른쪽의 종이를 채울 차례다. 긍정, 해결, 미래, 새
로운 방식과 관련되어 떠오르는 이미지와 단어를 모두 적
는다.

• 각각의 종이에서 가장 마음에 드는 그림과 단어들을 고른다.

• 선택된 그림과 단어들만 추려서 깨끗한 종이에 다시 정리하
여 그린다.

• 가까운 친구나 동료에게 보여주면서 설명을 해본다. 의견을
전달하는 데 문제점이 발견되면 체크해 두고 개선한다.

# 핵심 메시지를 시각화하라

## 강하게 기억되는 핵심 메시지의 조건

당신의 프레젠테이션이 끝났을 때, 상대의 머릿속에 다른 건 하나도 기억나지 않지만 핵심 메시지만은 각인이 되었다면 그 프레젠테이션은 성공했다고 할 만하다. 이렇게 핵심 메시지는 저 혼자 돋보이는 것이어야 되지만, 그것은 다른 디테일들의 도움 없이는 불가능한 일이다.

효적적인 핵심 메시지는 다음과 같은 3가지 미덕을 지니고 있다.

✎ 간결하다.
✎ 이해하기 쉽다.
✎ 기억하기 쉽다.

이런 3가지 미덕에 충실한 예들이 가장 많은 곳은 바로 아래와 같은 광고 문구들이다.

✓ **Just do it** (그냥 시작해)— 나이키
✓ **Your country needs you** (조국이 당신을 부른다)— 세계대전 당시 영국의 신병 모집 캠페인
✓ **Five a day** (하루에 5개)— 과일을 많이 먹자고 사람들을 독려하는 건강 캠페인

간결함, 이해의 편이성, 기억의 편이성, 이렇게 3가지 기준이 충족된 핵심 메시지는 그만큼 상대의 머릿속에 성공적으로 각인될 확률이 높다. 한 가지 덧붙여, 핵심 메시지를 다양한 방법으로 지루하지 않게 반복하는 것도 성공적인 전달을 위한 또 하나의 전략이 될 수 있다.

## 핵심 메시지를 그림으로 그려야 하는 이유

다른 걸 포기하더라고 핵심 메시지만은 상대가 기억하도록 만들려면 그 메시지를 시각화하는 노력을 하지 않을 이유가 없다. 그림은 기억하기 가장 좋은 수단이기 때문이다. 당신이 상대의 눈 앞에서 핵심 메시지를 그려보는 행동을 보여주는 것만으로도 성공적인 메시지 전달이 보장된다.

일단 핵심 메시지를 그림으로 그렸다면 그 그림을 지속적으로 상대에게 노출시켜라. 당신 스스로는 그 그림을 보면서 프레젠테이션의 주요 방향을 잃지 않아서 좋고 상대방 또한 그 그림을 통해 보여지는 핵심 메시지를 계속 염두에 두면서 당신의 얘기를 들을 것이다.

### *은유를 더하면 핵심 메시지의 힘이 강화된다.*

은유는 우리가 말을 할 때 빠지지 않는 필수적인 부분이다. 은유적으로 말을 하면 전달하려는 메시지가 압축되어 더욱 강하게 마음에 와닿고, 이런 은유적인 말들은 그림으로 시각화하기에도 좋다. 아래의 3가지 예시문들은 각각, 원치 않을 것을 없애려다가 소중한 것까지 잃지마라, 역경을 벗어나지 못하다, 쓸데 없이 힘을 낭비하고 있다는 말을 은유적으로 표현하고 있다. 각각의 문장을 연습 삼아 그림으로 표현해 본다면, 그림에 은유적인 메시지를 불어넣는 기술을 향상시키는 데 큰 도움이 될 것이다.

✎ 목욕물을 버리다가 아기까지 버리지 마라.
✎ 우리는 아직 숲을 벗어나지 않았다.
✎ 우리는 가만히 서있기 위해서 달려가고 있다.

　우리는 다음 장에서 은유의 힘에 대해 더 자세하게 알아볼 예정이지만, 이번 장에서 예시된 핵심 메시지들 속에 어떤 은유들이 담겨 있는지 찾아보려는 눈을 거두지는 말기 바란다.


## 핵심 메시지의 5가지 유형

　당신이 원하는 게 단지 상대방에게 어떤 영감을 주는 것인지, 아니면 어떤 특정한 행위를 하도록 만드는 것인지, 혹은 현재 존재하는 문제점을 명확하게 보여주고 싶은지, 아니면 미래를 향한 방향을 제시하기를 원하는지에 따라 핵심 메시지의 유형은 달라질 것이다. 다음의 5가지 유형을 살펴보고 지금 당신에게 적합한 유형은 어떤 것이지 생각해 보라. 그리고 각각의 유형을 어떻게 하면 기억하기 쉬운 이미지로 시각화할 수 있을까도 고민해보기 바란다.

1. **명언** (예: 역사 속의 인물이나 유명인이 남긴 말을 인용하거나 당신이 직접 만든 금언을 제시함)
2. **행동개시 선언** (예: 특정한 행동을 하도록 만들거나 좀더 깊이 숙고하도록 독려함)
3. **문제점 드러내기** (예: 현재 상황 보여주기)
4. **해결방안 보여주기** (예: 성공을 위한 전략 제시)
5. **매혹적인 사실들** (예: 실제 사례를 불러옴)

## *따라 그리기*

다음의 예시들을 살펴본 다음 직접 따라 그려보자. 따라 그리면서 똑같은 메시지를 표현할 수 있는 다른 이미지들이 떠오르면 그것 역시 그려보자. 여기에 제시된 그림보다 당신이 직접 그린 그림이 훨씬 더 효과적일 수도 있다!

### 1. 명언

큰 걸음을 두려워 말라. 잔 걸음으로는 깊은 골을 건널 수 없다.
—데이비드 로이드 조지(David Lloyd George, 1863-1946), 전 영국 수상

논리는 당신을  A에서 B로 데려다 줄 뿐이다.
하지만 상상력을 당신을 모든 곳으로 데려다 줄 것이다.

—알버트 아인슈타인

## 2. 행동개시 선언

"모든 기회에 눈을 크게 뜨고 있어라"

"우리는 서로 생각을 맞출 필요가 있다"

## 3. 문제점 드러내기

"우리 밑에 안전그물이 없다"

"우리에게 돌아갈 길은 없다" 혹은 "이제는 되돌릴 수 없다"

## 4. 해결방안 보여주기

"우리는 노련한 곡예사가 될 필요가 있다"

"우리는 사람을 소중히 키워야 한다"

## 5. 매혹적인 사실들

실제 사례는 핵심 메시지를 만들어내는 데 강력한 영감을 준다. 당신이 가진 주제와 관련된 유명한 일화나 역사 속 사실들을 찾아보자. 분명 다음의 예시들처럼 사람의 마음을 움직이는 핵심 메시지를 그려낼 수 있을 것이다.

### 4분의 벽

로저 배니스터(Roger Bannister)는 세계 최초로 1마일에 4분이라는 깨질 것 같지 않던 기록을 깬 영국의 육상선수이다. 4분의 벽이 인간 신체의 한계 때문이 아니라 믿음의 문제였다는 건 로저 배니스터가 4분의 벽을 깨자마자 4분의 벽을 깨는 다른 수많은 선수들이 속속 등장했다는 것을 통해 잘 증명된다.

위와 같은 이야기는 믿음의 힘을 보여주는 아주 유용한 사례이다. 아래처럼 적절한 핵심 메시지를 만들고 단순한 그림을 덧붙인다면 사람들은 이 그림을 보자마자 로저 배니스터와 육상, 기록, 믿음 등등의 의미를 쉽게 되살릴 수 있을 것이다.

"믿는다면, 이룰 수 있다"

여기 핵심 메시지를 강화시켜줄 수 있는 또 다른 예시가 있다. 인류는 1900년대 초에 처음 비행기 발명했고 같은 세기에 달에 착륙할 수 있었다. 이런 역사적 사실은 서로 다른 수많은 핵심 메시지의 영감이 될 수 있는데, 예를 들어서 인류 진보의 속도를 다음과 같이 표현할 수 있을 것이다.

"진보는 놀랍도록 순식간에 이뤄진다"

# 핵심 메시지는 언제 내놓아야 하는가?

당신이 전달하려는 핵심 메시지가 사람들의 머릿속에 오래 남아있기를 바란다면, 그것을 전달하는 시점에 대해서도 고려해봐야 한다. 일반적으로 사람들은 다음과 같은 걸 훨씬 더 잘 기억하는 경향이 있다.

- 처음에 나온 것
- 특이한 것
- 마지막에 나온 것

## 처음에 나온 것 – 목차의 맨 윗줄

사람이 처음에 경험한 걸 좀더 쉽게 기억한다는 건 우리 일상생활을 통해서도 잘 알 수 있다. 지금 스스로에게 '가장 친한 친구를 언제 처음 만났지?', 혹은 '오늘 처음 마신 음료수는?' 같은 질문을 던져보라. 아마 쉽게 답이 떠오를 것이다. 같은 원리가 정보를 받아들일 때도 적용된다. 특히 어떤 정보의 목록을 나열할 때 맨 위에 있는 목록이 사람들에게 잘 각인이 되므로 첫 단어를 신중하게 고를 필요가 있다.

## 특이한 것 – 고립 효과

수많은 정보들이 서로 눈에 띄려고 치열하게 경쟁하는 가운데 대부분의 정보는 그냥 물결에 떠밀려 사라지기 마련이다. 그런 비슷한 정보들 속에서 혼자 고립되어 있는 듯이 돌출되어 보이는 것이 있다면 사람들은 당연히 그 정보에 더 주목할 것이다. 이런 현상을 '폰 레스토프 효과'라고도 하는데, 아픈 엄지 손가락을 예로 들면서 차이가 분명한 사물이 보편적인 사물보다 더 잘 기억되는 원리를 체계적으로 연구했던 정신과 의사 헤드윅 폰 레스토프(Hedwig von Restorff, 1906~1962)의 이름을 딴 용어이다. 당신이 흔치 않은 사례, 충격을 주는 인용문, 화려한 색채, 그리고 생동감 있는 이미지에 대해 좀더 관심을 갖는다면 여러 정보들 속에서 유독 돋보이는 핵심 메시지를 만들 수 있을 것이다.

## *마지막에 나온 것— 최신 정보*

시간 순서 상, 당신이 제일 마지막에 내놓는 것은 상대가 가장 최근에 받아들인 정보가 된다. 처음에 나온 것과 마찬가지로 사람들은 가장 마지막에 들은 정보를 더 잘 기억하게 마련인데 당신이 스스로에게 '오늘 마지막으로 먹은 것은?', '가장 최근에 갔던 여행지는?', '가장 친한 친구를 마지막으로 만난 날은?' 등의 질문을 던져보면 여타의 기억들보다 좀더 선명하다는 걸 눈치 챌 수 있을 것이다. 사람들은 당신이 프레젠테이션에서 마지막으로 한 말만을 기억할지도 모른다는 걸 염두에 두고 신중하게 발표를 마무리지어라.

## 그밖에 도움이 되는 사항들

### *스토리텔링*

이야기는 핵심 메시지가 좀더 잘 전달되도록 만들어주는 훌륭한 조력자이다. 그림을 그리면서, 혹은 미리 준비한 그림을 보여주면서 핵심 메시지와 관련된 일화나 실제 비즈니스 사례 등을 이야기해 준다면 청중은 당신의 프레젠테이션에 귀를 쫑긋 세우기 시작할 것이다.

그림을 그리면서 양념처럼 이야기를 더하면 핵심 메시지에 대한 집중도가 높아진다.

## *less is more*

건축가 미스 반 데어 로에가 말했고 건축분야에서 자주 인용되는 "less is more(단순한 것이 아름답다)" 라는 말은 프레젠테이션에서도 그대로 적용된다. 당신이 고민해야 할 것은 무엇을 덧붙일까가 아니라 무엇을 더 뺄 수 있을까이다. '이렇게 단순한 이미지로 내 생각을 제대로 전달할 수 있을까' 하고 걱정하지 마라. 끊임 없이 연구하다 보면 분명 단순하면서도 강렬하게 당신의 핵심 메시지를 전달해 줄 글귀와 이미지를 발견하게 될 것이다.

## 반복

반복은 기억을 위한 훌륭한 수단이다. 하지만 반복은 전략적이어야 한다. 무조건 반복하면 지루해지고 오히려 거부감이 드는 게 당연지사이기 때문이다. 핵심 메시지를 다시 언급하기 전에 새로운 관점이나 증거를 제시하고 그것이 핵심 메시지와 무관하지 않다는 걸 상대에게 일깨워주는 것은 반복을 위한 효과적인 전략들 중 하나가 될 수 있을 것이다.

또한, 당신의 프레젠테이션이 몇 가지 섹션으로 나누어져 있다면 각각의 섹션이 마무리될 때도 핵심 메시지를 전달하기에 좋은 타이밍이다.

## *전자 장치를 통한 프레젠테이션의 경우*

파워포인트나 키노트를 통한 프레젠테이션의 경우에도 직접 손으로 그림을 그리지 말라는 법은 없다. 모니터나 스크린을 주시하고 있던 사람들을 잠깐 환기시키면서 플립차트에 당신의 핵심 메시지를 그림으로 그린다면 그 핵심 메시지는 오히려 더 강렬하게 기억될 것이다. 또한 잘 그리지는 못 해도 어떤 그림을 손으로 직접 그리는 행위만으로도 프레젠테이션 분위기는 한층 밝아지고 상대에게 다채로운 느낌을 줄 수 있다.

다시 모니터나 스크린으로 돌아가 프레젠테이션을 할 때도 당신이 플립차트에 그린 그림을 치우지 말고 계속 노출 시키는 것도 상대에게 핵심 메시지를 각인시키는 효과적인 방법이 될 수 있다. 아니면 좀더 잘 정돈된 그림 파일을 미리 준비해 놓았다가 당신이 손으로 그림을 그린 이후에 다시 스크린으로 보여주면 훌륭한 시각적 연출이 될 것이고 그만큼 사람들에게 잘 기억될 것이다.

## 핵심 메시지를 그림으로 잘 표현하기 위한 팁

우선 당신이 핵심 메시지를 전달함으로써 얻으려는 것이 무엇인지 확실히 결정해야 한다. 단지 상대에게 영감을 불러일으키고 중요한 사항을 기억하게 만들면 되는지, 아니면 지금 당장 어떤 행동을 하도록 독려해야 하는 것인지를 말이다. 그런 다음에 그 핵심 메시지에 걸맞는 은유적인 표현이나 일화, 실제사례 등을 찾아보면 어느새 당신의 머릿속에는 참고가 될 만한 이미지도 함께 입력이 될 것이다. 때때로 핵심 메시지는 감정을 움직이는 힘이 부족한 경우가 있는데, 어떻게 하면 좀더 감정에 와닿는 핵심 메시지를 만들까 하고 생각해 보는 것도 적절한 이미지를 떠올리는 데 상당한 도움이 된다.

또 하나의 팁은 핵심 메시지를 나타내는 그림은 오직 단 하나뿐이라고 규정 짓지 말고 대안으로 쓰인 수 있는 이미지를 되도록 많이 떠올려보라는 것이다. 계속 생각하다 보면 분명히 전에 떠올린 것보다 그리기는 더 쉬우면서 임팩트는 더 강한 이미지를 떠올릴 수 있을 것이다. 기억하자. 우리의 목적은 잘 그리는 것이 아니라, 핵심 메시지를 상대에게 각인시키는 힘이 있는 이미지를 그리는 것이다.

# 📑 요약

- 핵심 메시지는 간결하고, 이해하기 쉽고, 기억하기 좋아야 한다
- 명언, 행동개시 선언, 매혹적인 사실 등을 당신의 핵심 메시지에 적용하라.
- 은유는 핵심 메시지에 임팩트를 더해준다.
- 문제점 드러내기와 해결방안 제시하기도 핵심 메시지를 전하는 좋은 방법이다.
- 핵심 메시지가 잘 기억되도록 만들고 싶으면 프레젠데이션의 서두나 말미를 활용하라.
- 핵심 메시지를 다양한 방식으로 반복하여 상대의 뇌리에 각인시켜라.
- 핵심 메시지를 표현한 그림이 상대에게 스며들도록 말을 하는 동안 계속 노출시켜라.

# 🕐 더 연습하기

다음에 제시된 순서대로 핵심 메시지를 그림으로 표현해 보는 연습을 해나가면 당신에게는 다양하게 활용할 수 있는 시각 언어들이 쌓여갈 것이다.

- 당신이 하고 있는 일이나 속해있는 조직에 필요한 핵심 메시지를 적어보자.
- 그 핵심 메시지를 표현할 수 있는 그림들이 떠오르는 대로

모두 그려보자.

✎ 가장 마음에 드는 그림 하나를 골라 깨끗한 종이에 다시 그려보자. 그리그 그 아래에 처음 생각했던 당신의 핵심 메시지를 적어보자.

# 은유와 직유의 그림

　우리는 앞 장에서 핵심 메시지에 은유를 담았을 때의 장점을 살짝 알아보았다. 이번 장에서는 은유, 더불어 직유에 대해서도 더 자세히 알아보자. 은유와 직유는 우리의 일상대화에서 빠질 수 없는 표현방식이고 그것들을 말하거나 듣지 않고서는 대화가 거의 불가능하다고 말할 수 있을 정도로 우리의 뇌리에 깊게 각인되어 있다.

✎ **은유란?** 전달하고자 하는 바를 직접 말하지 않고 다른 사물이나 상황과 비교해서 유추할 수 있도록 만드는 표현 방식.
✓ *우리는 지금 살얼음판 위에서 스케이트를 타고 있다.*

✎ **직유란?** '처럼', '같이' 등의 말을 써서 어떤 것이 또 다른 것과 비슷하다고 직접적으로 연결시키는 표현 방식.
✓ *이건 마치 단거리 경주 같다.*

　어떤가? 위의 예문에서도 눈치 챌 수 있겠지만 은유와 직유야말로 우리의 생각을 그림으로 옮기기에 적합한 매개체이다. 마치 그림으로 그려보라고 응원해주는 것처럼 문장 자체에 이미지가 포함되어 있기 때문이다. 따라서 은유의 그림과 직유의 그림은 우리의 일상대화에서처럼 서로의 생각과 아이디어를 나누는 이상적인 방법이 되어 줄 것이다.

### 대화와 회의의 처음을 여는 은유

은유적인 그림을 보여주면서 팀 미팅을 시작하면 강렬한 인상과 함께 대화의 주제가 명백해진다. 미팅을 이어가면서 계속 그림을 노출시켜 놓으면 주제가 딴 곳으로 빠져 시간이 낭비될 가능성도 줄어든다.

### 팀원간의 시각차가 공유된다.

팀원들 각자가 어떤 주제에 대해 은유적인 그림을 그려보는 것은 서로가 그 주제에 대해서 어떻게 달리 보고 있는지를 가장 확실히 보여주는 방법이다. 차이가 확실히 보이면 서로의 생각을 이해하고 조율해나갈 길도 보인다.

### 핵심 메시지 전달

당신이 전달해야 할 핵심 메시지를 은유적인 방식으로 몇 초만에 쓰윽 그려낼 수 있다면 그건 정말 엄청난 무기가 될 것이다. 그 소통을 위한 무기는 한번 다듬어 놓으면 결코 녹이 슬지 않는다.

## 왜 굳이 그려야 하는가?

다음은 은유와 직유의 그림이 쓸모 있는 수만 가지 이유들 중 단지 몇 가지만 정리해 놓은 것이다.

✓ 은유와 직유적인 표현에는 풍부한 정보들을 담을 수 있고 그림은 그 풍부한 정보들을 온전히 전달하는 가장 확실한 방법이다.

✓ 당신이 전달하고자 하는 이야기의 요점을 정리하는 가장 빠른 방법이다.

✓ 은유적인 그림은 그 자체로 상대방에게 어떤 주제에 대해서 스스로 생각해보게 만드는 훌륭한 질문이다.

✓ 쉽게 기억에 남는다.

✓ 은유적인 그림은 객관적인 정보를 전달할 뿐만 아니라 상대방에게 어떤 감정을 불러일으켜서 당신과 동화되도록 만든다.

✓ 청중들의 집중도를 높인다.

✓ 은유적인 그림은 보는 사람들로 하여금 자신의 관점에서 더 많은 디테일들을 보도록 만든다.

그밖의 세부적인 장점들은 다음과 같다.

## 다중 감각을 자극하는 은유

은유적인 그림에는 단 하나의 감각정보가 아니라 복합적인 감각 정보들이 포함될 수 있다. 여러 가지 경로로 들어온 정보는 그만큼 기억에 깊이 각인되기 마련이다. 다음은 은유나 직유의 그림 안에 내포될 수 있는 감각 정보들의 극히 일부분일 뿐이다.

✓ **시각**: 깨끗하다, 밝다, 어둡다, 흐리다

✓ **청각**: 시끄럽다, 고요하다, 울려퍼진다, 조화롭다

✓ **촉각**: 오도독거리다, 부드럽다, 거칠다, 날카롭다
✓ **후각**: 향기롭다, 톡 쏘다, 매캐하다, 구리다
✓ **미각**: 맛있다, 달콤하다, 쓰다, 맵다

위의 예시들을 어떻게 그림으로 나타낼 수 있을까 직접 궁리해보자. 어렵게 생각하면 한이 없다. 눈, 귀, 혀 등을 그리는 것에서부터 슬슬 시동을 걸어보자. 감각의 정보들은 우리 일상 속에서 늘 함께하는 것이기 때문에 아주 단순한 그림으로도 쉽게 되살릴 수 있다.

## 건조한 정보 vs. 촉촉한 정보

우리는 그저 숫자를 말하듯이 어떤 정보를 아무런 덧붙임 없이 전달할 수도 있다. 물론 이런 무미건조한 정보전달 방식이 의외로 강렬한 효과를 내는 경우도 분명히 존재한다. 그러나 일반적으로는 어떤 정보에 감정을 불러일으키는 요소들이 있을 때 메시지 전달의 임팩트는 더 강해진다. 상대와 감성적으로 공감을 이루게 하는 것, 바로 그 역할을 은유와 직유가 해낼 수 있다.

다음은 같은 정보를 건조하게, 그리고 은유적으로 각각 표현해 본 것이다. 어느 쪽이 감성적으로 공감을 불러일으킬 수 있는 그림을 그리기 좋은지는 굳이 말할 필요가 없을 것이다.

✓ 이 프로젝트는 무척 어렵다 vs. 우리는 접시 돌리기를 해야 한다.
✓ 지금 바쁘게 일해야 한다 vs. 발바닥이 보이지 않게 뛰어야

한다.

✓ 그들은 지금 연구에 몰두하고 있다 vs. 그들이 톱니바퀴 굴리는 소리가 여기까지 들린다.

## 은유적인 그림의 예시

당신이 어떤 팀을 이끄는 매니저라고 가정해 보자. 요즘 진행하는 프로젝트에서 팀원들 각자는 열심히 하는데 서로 의견조율이 잘 안 돼서 일이 삐끄덕거리는 상황이 종종 벌어지고 있다. 팀원들에게 상호간의 지속적인 피드백의 중요성을 간단명료하게 일깨워주고 싶은데 어떻게 하면 좋을까?

*피드백을 강조하라*

관제 센터와 우주 탐험선은 끊임 없이 피드백을 주고 받는다.

우리는 상호간의 피드백 과정을 우주선을 달에 보내는 일에 비유할 수 있다. 우리의 업무가 달을 탐사하는 일에 비하면 그 규모가 아주 작을지라도 근본적인 프로세스는 다르지 않다. 먼저 지구와 관제센터를 그리고, 그 다음 달을 그린다. 마지막으로 달을 향해가는 우주선을 그렸을 때, 당신의 그림에는 프로젝트, 목적, 방향, 협업, 소통 등등의 의미가 함축된다. 그 은유적인 의미들은 따로 설명이 필요 없을 만큼 명료하다.

아래의 그림은 앞페이지와 같은 그림에 화살표들을 덧붙여 그린 것이다. 나는 작은 화살표들을 먼저 그렸는데, 그것들을 잘 살펴보면 미세하게 서로 다른 방향들을 가리키고 있다. 첫 번째 화살표는 달을 향한 본 궤도에서 약간 벗어나 있고 두 번째 화살표는 본 궤도와 일치하고 있는 식으로 말이다. 이 작은 화살표들은 아무리 미세하게 방향이 틀어졌다고 하더라고 관제센터와의 통신을 통해 바로 바로 수정하는 작업이 이뤄져야 함을 보여주고 있다.

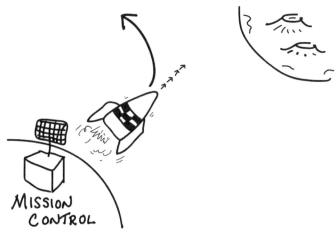

궤도 이탈에 대한 미세 조정이 제때 제때 이뤄지지 않는다면 우주선은 완전히 방향을 잃고 말 것이다.

그 다음으로 그린 위로 크게 꺾여진 화살표 하나는 일이 완전히 잘못되었음을 의미하고 있다. 지구와 달 사이만큼은 아니더라도 가야할 길이 먼 장기 프로젝트일수록 사소한 궤도 이탈은 치명적인 결과 오류로 이어진다. 위의 그림이 말하려는 것은 명백하다. 어떤 프로젝트를 수행할 때 각자의 역할에만 몰두하면 되는 것이 아니라 서로의 업무에 대한 피드백이 수시로 이뤄져야만 우리가 원하는 목적지에 제대로 도착할 수 있다는 것이다. 전혀 엉뚱한 결과를 다시 제대로 되돌리는 게 불가능하지는 않을지라도 그건 엄청난 손해를 감수해야 하는 일이라는 걸 그림 한 장이 함축적으로 보여주고 있다.

그리고 연속된 두 장의 그림에서도 알 수 있듯이 위와 같은 내용은 미리 그림을 그려두는 것보다 사람들 앞에서 실시간으로 그릴 때 더 효과적이다. 화살표 하나가 그려질 때마다 당신의 이야기가 진행되고, 이야기가 진행될 때마다 당신이 전달하려는 메시지가 점차로 드러나는 방식을 통해 더욱 힘있는 설득이 가능하다.

## 따라 그리기

지구와 관제센터, 그리고 달과 우주선을 당신의 스타일대로 다시 그려보자. 동그라미와 네모 같은 기본 도형을 활용하여 되도록 심플하게 그리면 된다. 그리고 같은 그림으로 다른 은유적인 이야기를 만들어 낼 수는 없을까를 고민해 보자.

# 은유의 그림 더 그려보기

다음의 예시들을 아래의 순서에 따라 연습해보자. 그림 연습도 될 뿐만 아니라 은유적인 그림이 무엇인지 더 확실하게 알 수 있을 것이다.

✎ 각각의 그림들을 똑같이 따라 그려보자. 그리고 이 그림으로 어떤 주제에 대해 얘기할 수 있을지 생각해 보자.
✎ 각각의 문장들을, 의미는 같지만 다른 은유를 써서 표현해 보자. 그 문장에서는 어떤 이미지가 떠오르는지 살펴보자.
✎ 당신만의 버전으로 완전히 새로운 그림을 그려보자.

"우리는 상어가 우글거리는 바다 속에 있다."

"우리는 같은 악보를 보면서 노래하고 있다."

"다행스럽도 우리에겐 보조 낙하산이 있다."

"우리는 오르막길에서 버스를 지탱하고 있다."

"우리는 급한 불을 끄고 있다."

"나는 쏟아지는 눈 속에 파묻혀 있다."

## 직유의 그림

직유도 은유와 크게 다르지 않다. 사실 위에서 살펴본 은유적인 표현들을 살짝만 바꾸면 모두 직유법으로 바꿀 수도 있다. 다음 두 가시 예시들을 따라 그려보고 당신만의 버전으로 바꾸어보자.

"그 프로젝트를 보면 마치 깊은 구렁을 응시하는 것 같다."

"현재 상황은 모든 공들이 허공에 떠있는 듯하다."

이렇듯 여러 가지 의미가 내포되어 있어도 그림들은 전혀 복잡할 필요가 없다. 문장 속에 내포된 이미지들을 그대로 활용하면서 최대한 단순화게 표현하면 된다.

## 서로의 은유들을 공유하기

앞에서도 잠시 언급했지만 어떤 프로젝트를 함께 하는 팀원들끼리 각자가 그린 은유적인 그림들을 공유해 보는 것도 소통을 위한 훌륭한 방법이다. 다음과 같은 주제들 중 한 가지를 선택해서 팀원들 각각, 혹은 몇 명씩 그룹을 지어서 자기 입장이 담긴 은유적인 그림을 그려본다면 서로의 의견을 훨씬 빨리 이해할 수 있을 뿐만 아니라 창의적인 아이디어들을 더 발전시켜 나갈 수 있는 계기가 될 것이다.

✓ 팀에서 발생하고 있는 문제점들, 그리고 바람직한 해결책
✓ 현재 프로젝트의 상황, 그리고 한 달 후의 예측
✓ 업무 협조에 대한 만족도, 그리고 개선되어야 할 점들
✓ 최근 고객의 니즈, 그리고 불만사항들

## 하나의 질문이 되는 은유, 그리고 깨끗한 언어

우리는 하나의 은유를 시작점으로 삼아서 정보들을 더 풍성하게 만들 수 있다. 바로 서로에게 던지는 질문들을 통해서 말이다. 그런데 서로에게 질문을 던질 때 경계해야 할 점이 있다. 형식은 질문이지만 자신의 의견을 앞세우기 위한 가짜 질문을 던져서는 안 된다는 것이다. 그런 질문은 현재 제시된 정보들을 더 강조할 수 있을지는 몰라도 거기서 한발짝도 더 나아갈 수 없다. 그럼 도대체 어떻게 질문을 던져야 한단 말인가?

한 가지 방법은 깨끗한 언어(clean language)를 사용하는 것이다. 데이빗 그로브(David Grove)가 제안하고 제임스 로우리(James Lawley), 페니 톰킨스(Penny Tompkins)가 발전시킨 이 개념은 그들이 쓴 책,『마음 속의 은유들 *Metaphors in Mind*』에 잘 설명되어 있는데, 간단하게 요약하자면 '깨끗한 언어'란 자신의 의견이나 고정관념에 오염되지 않은 말들이다. 우리는 이런 깨끗한 언어로 된 질문을 던졌을 때 비로소 상대방으로부터 형식적인 대답이 아닌, 한 단계 더 나아간, 혹은 다른 관점의 아이디어를 들을 수 있다.

## 교차로의 은유

다음의 예시를 통해서 깨끗한 언어로 된 질문에 대해서 더욱 자세히 알아보자. 우선 우리는 적당한 은유를 찾아야 한다. 은유야말로 오염된 언어를 걸러줄 가장 확실한 필터이기 때문이다. 여기서는 '우리는 교차로에 있다' 라는 은유적인 그림에서부터 출발해 보자.

우리의 사업이 현재 어떤 상황인가를 묻는 질문에 위와 같은 그림이 도출되었다고 한다면 우리는 그 이후부터는 다음과 같이 질문들을 변경해야 한다.

*"더 고려해야 할 사항은 없는가?"*
혹시 누락된 사항이 없는지는 체크해보려는 이 질문은 **"교차로를 안전하게 지나기 위해서 더 알아야 할 사항은 없는가?"** 로 바뀌어야 한다.

*"그래서 다음 계획은 무엇인가?"*

아직 드러나지 않은 잠재적인 요소들과 앞으로 예상되는 일들을 묻는 이 질문은 **"교차로를 지나면 뭐가 있지?"**로 바뀌어야 한다.

*"어떻게 해서 현 상태가 되었는가?"*

현재까지 도출된 결과의 원인을 찾는 이 질문은 **"이 교차로에 다다르기 전에 우리는 어디를 지나왔는가?"**로 바뀌어야 한다.

이처럼 한 장의 그림으로 잘 형상화된 은유는 오염된 언어를 걸러주어 상대방으로부터 좀더 솔직한 대답들을 이끌어낼 수 있다. 망설이지 말고 당신이 주관하는 회의나 토론에 은유적인 그림들을 적용해 보자. 은유가 얼마나 유용한 도구인지 금방 깨달을 수 있을 것이다.

## 📑 요약

- 은유, 혹은 직유는 설명의 길이를 극적으로 단축시킨다.
- 은유적인 그림을 그림으로써 당신의 이야기를 시작해 보자. 강렬한 인상을 주어 전달하려는 메시지가 명확해질 것이다.
- 한번 그려진 은유를 시기적절하게 반복 노출시키면, 상대방에게 당신의 메시지가 지속적으로 떠오르게 될 것이다.
- 팀원들끼리 어떤 주제에 대한 은유적인 그림을 공유한다면 그냥 말로 의견을 주고받는 것보다 서로의 생각을 더 깊게

이해하는 기회가 될 것이다.

✎ 상대로부터 형식적인 대답이 아닌 신선한 관점의 대답을 듣고 싶다면 은유로 걸러진 깨끗한 언어로 질문을 던져라.

## 🕐 더 연습하기

당신의 그림에 은유적인 의미를 한층 더하고 싶다면, 다음의 주제들 중 마음에 드는 것부터 연습해 보자.

✎ 당신이 속한 조직에는 다른 곳과는 차별화된 특징이 있는가? 그 특징을 한 장의 은유적인 그림으로 표현해 보자.

✎ 당신이 지금까지 쌓아온 경력을 등산에 비유해서 표현해 보자.

✎ 당신이 신문에 기고하는 만평가라면 현재 가장 이슈가 되고 있는 사회적인 문제를 어떻게 그림으로 표현할지 고민해 보자.

✎ 현재 진행 중인 프로젝트의 상황을 우주탐험선과 비교하면서 묘사해 보자.

✎ 위의 주제들에 대한 은유들을 직유법으로 바꾸어 다시 표현해 보자.

# 눈에 띄는 비즈니스 모델,
# 기억에 남는 프로세스

때때로 당신은 어떤 비즈니스 모델이나 비즈니스 프로세스를 설명해야 할 때가 있다. 더 나아가서 당신이 새로운 모델을 개발해야 하거나 다른 동료들에게 어떤 모델을 개발하도록 지시해야 할 때도 있을 것이다. 어떤 쪽이든 당신의 그림 실력을 총동원해서 어떤 아이디어를 한번 시적적으로 표현해 내면 그 이후부터는 그 아이디어를 다른 사람들과 공유하고 더 발전시켜나가는 게 훨씬 수월해질 것이다.

우리가 그림을 그려 시각화할 수 있는 비즈니스 관련 주제들은 다음과 같다.

✎ 모델
✎ 이론
✎ 새로운 아이디어
✎ 프로세스
✎ 비전
✎ 전략
✎ 실행 계획
✎ 문제점과 장애물들
✎ 솔루션

또한 위와 같은 항목들은 시각화하면 관리 모델, 행동성향 분석, 커뮤니케이션 모델, 성과코칭 모델, 재무, 영업, 마케팅, 제작 등과 관련된 프로세스를 상대방과 손쉽게 공유하여 소통의 속도를 높일 수 있다. 물론, 기존의 프로세스 뿐만 아니라 당신이 새로 구상한 비즈니스 모델이나 프로세스를 그림을 통해 전달할 수도 있다.

## 비즈니스 모델에서 그림의 역할

비즈니스 모델과 프로세스를 그림으로 그려볼 때 얻을 수 있는 이점들은 지금까지 다른 장에서 알아본 것들과 일맥상통하다. 특히 다음 2가지 점에서 우리는 비즈니스 모델과 프로세스를 그림으로 표현해 볼 이유가 충분하다.

✓ 그림을 그리는 과정 자체가 당신의 생각이 전개되는 과정을 보여주기 때문에 상대방은 그림이 완성되어 가는 것을 보면서 어떤 이야기도 함께 구성되는 것을 확인할 수 있다. 비즈니스 모델과 프로세스는 특히 적절한 이야기와 결부되어 있을 때 그 이해도와 호감도가 높아진다.

✓ 비즈니스 모델과 비즈니스 프로세스, 이런 용어 자체가 딱딱하고 학술적인 느낌을 줄 수 있기 때문에, 선입견 없이 어떤 정보를 전달하려면 그런 느낌을 좀 누그러뜨려야 필요가 있다. 손으로 그린 그림의 친숙함이 이럴 때 제격이다. 울퉁불퉁하고 어색해 보일지라도 당신이 직접 그린 그

림은 상대방에게 당신의 아이디어가 이해하기 어려운 것이 아니라, 오히려 즐거운 놀이처럼 받아들이기 쉽고 기억하기 쉬운 정보라는 인상을 줄 것이다.

## 비즈니스 모델을 위한 최적의 포맷

정보의 내용도 중요하지만 그 정보를 담는 그릇도 못지 않게 중요하다. 정보를 전달하는 방식이 곧 당신의 아이디어의 가치로 평가될 수 있음을 잊지말자. 그렇다면 우리가 그린 그림을 어떤 방식으로 전달하는 게 좋을까? 어렵게 생각할 필요는 없다. 때로는 가장 평범한 것이 가장 좋은 결과를 가져다 준다.

✎ 상자 4개에 나누어 담기
✎ 상자 4개 옆에 가로축과 세로축 만들기
✎ 시간 순, 혹은 인과관계 순으로 배열하기
✎ 수평으로 연결하기

물론 이 4가지 포맷이 모든 아이디어들에 적합하지는 않을 것이다. 혹시 당신의 아이디어를 이 4가지 포맷들 중 어느 한 가지에도 담을 수 없다면 기본 포맷을 약간 변형해 보거나 당신만의 포맷을 만들어도 전혀 문제될 것이 없다. 일단 다음의 예시들을 살펴보고, 그 다음에 당신에게 맞춤화된 새로운 포맷 만들기에 도전해 보자.

# 상자 4개

방법은 단순하다. 커다란 네모에 선을 2개 그어서 총 4개의 격자를 만들어라. 그리고 각각의 빈 격자를 당신의 생각들로 하나씩 채워보자.

## 예시- 마케팅 믹스 4P

효과적인 마케팅을 위한 네 가지 핵심 요소를 가리키는 마케팅 믹스 4P는 1960년대에 E. 제롬 매카시(E. Jerome McCarthy)가 제안한 개념인데, 공교롭게도 우리의 포맷과 딱 들어맞는다. 다음의 4 가지 요소들을 나타내는 그림들을 각각의 격자에 그려넣어 보자.

✓ 제품 (Product)

✓ 가격 (Price)

✓ 판매촉진 (Promotion)

✓ 유통경로 (Place)

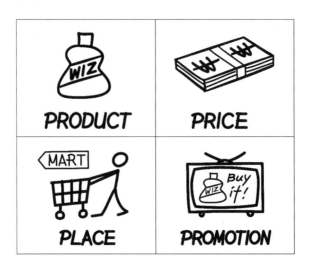

어떤가? 4가지 요소들을 그냥 단어만으로 나열했을 때와, 그림을 그려 배치했을 때의 느낌은 확연히 다르다. 위에 있는 목록을 보면 두꺼운 마케팅 전공책을 들고 강의실로 들어가야 할 것 같은 느낌이라면, 아래에 그림들을 보면 왠지 가볍게 들을 수 있는 야외수업을 가는 느낌이다. 물론 당신의 말을 듣는 상대의 태도가 진지해지지 않는다는 의미는 아니다. 오히려 그림의 힘으로 말랑말랑해진 그들의 뇌가 당신이 전달하려는 메시지를 빠르게 흡수할 것이다.

## 어떻게 이야기를 풀어나갈 것인가?

보시다시피 4P를 표현하는 그림들은 그리 복잡할 것이 없어서 마케팅에 관한 이야기를 이어나가면서 실시간으로 그려도 큰 부담이 되지 않는다. 다만 네모나 격자들만 미리 그려놓아서 호기심을 유발시키거나, 4가지 중 일부만 그려놓고 나머지는 퍼즐 맞추듯이 청중들과 함께 채워나가는 방식도 고려해볼 만하다. 어떤 방식이든 당신이 결정해야 할 것은 4P를 어떤 순서로 그리느냐 하는 것이다. 그리는 순서가 곧 당신이 전달할 이야기의 기본 구조가 될 것이기 때문이다. 어떤 순서가 옳다고 하는 정답은 없다. 당신이 마케팅의 흐름을 어떻게 설명하고, 어느 지점을 강조하느냐에 따라 다양하고 극적인 배치가 가능할 것이다.

# 상자 4개, 그리고 2개의 축

어떤 아이디어들이나 개념들을 자연스럽게 분류하는 가장 일반적인 방법은, 그것을 적절한 기준이 명시된 가로축과 세로축 안에 배치해보는 것이다. 우리는 앞서 살펴본 4개의 상자에 가로축과 세로축을 설정해서 손쉽게 아이디들의 가치를 견주어볼 수 있는 틀을 만들 수 있다.

*예시- EASE/IMPACT 모델*

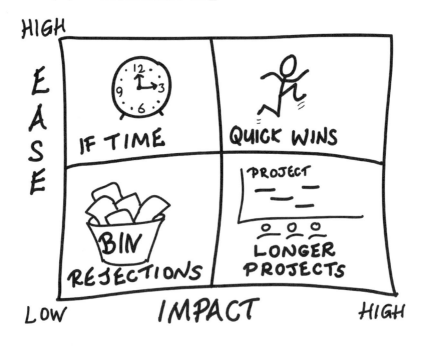

위의 예시를 보면 가로축에는 'IMPACT(효과)', 세로축에는

'EASE(편의성)' 이라는 기준이 설정되어 있다. 그리고 각각의 격자에는 다음과 같은 4가지 항목들이 그림으로 표현되어 있다. 쓸모없는 아이템들 폐기(rejections), 관망하기(if time), 장기 프로젝트 시작하기(longer projects), 퀵윈(Quick wins; 우선 손에 닿는 성과부터 올리는 작고 빠른 승리들). 우리는 각각의 항목을 '이건 효과는 있지만 편의성이 떨어진다', '이건 편의성은 높지만 효과가 떨어진다' 등으로 평가할 수 있는데, 이건 바로 가로축과 세로축에 제시되어 있는 기준 때문이다. 우리는 이와 같은 모델을 '지속적인 조직 개선을 위해 지금 가장 적절한 행동 전략은 무엇인가' 를 묻는 회의에 적용해 볼 수 있을 것이다. 당신이 주도적으로 각각의 전략에 대한 가치를 평가해서 제시해도 좋고, 아니면 구성원들에게 가로축과 세로축으로 구성된 틀만 주고 제각각 항목들을 배치해 보게 한 다음, 최종적으로 의견을 취합하는 방식도 좋다.

그리고 위의 예시는 가장 단순한 형태이므로 격자를 늘려서 더 다양한 항목들을 만들어도 상관없다. 중요한 것은 각각의 항목들을 적절하게, 그리고 최대한 단순하게 그림으로 표현해 내는 것이다.

## 어떻게 이야기를 풀어나갈 것인가?

위와 같은 모델은 가로축과 세로축을 긋고 거기에 어떤 기준을 적는 순간 어느 정도 이야기의 구성이 미리 정해진다고 볼 수 있다. 배열 구조 상 오른쪽 상단에 그려진 항목이 '가장 효과도 높고 편의성도 높은' 항목이므로, 우리는 일반적으로 다음의 순서대로 이야기를 진행시킬 수 있을 것이다.

✓ 왼쪽 하단의 항목에 대해서 설명한다.
✓ 왼쪽 상단의 항목에 대해서 설명한다.
✓ 오른쪽 하단의 항목에 대해서 설명한다.
✓ 마지막으로 오른쪽 상단의 항목에 대해서 설명한다.

　이런 이야기 진행 순서는 그다지 복잡하지도 않으면서도, 궁극적으로 최우선 행동전략이 되어야 할 항목을 인상적으로 전달할 수 있게 도와준다. 물론 이야기의 구성을 당신의 구미에 맞게 변경해도 전혀 문제가 되지 않는다. 또한 이와 같은 모델과 그림들을 적용할 수 있는 또 다른 주제들도 얼마든지 있을 것이다.

## 예시- 몰입 모델

　4개의 상자와 2개의 축, 그리고 여기에 약간의 살을 더 붙인 또 다른 예시도 살펴보자. 미하이 칙센트미하이(Mihaly Csikszentmihalyi)는 전 세계적인 베스트셀러『몰입 *Flow: The Psychology of Optimal Experience*』에서 'flow' 란 용어를 통해 우리가 어떤 경험에 완전하게 몰입되는 과정에 대해서 설명했는데, 다음의 그림은 그의 몰입 이론을 시각적으로 표현해 본 것이다. 앞선 예시들과 다른 점은 4개의 격자뿐만 아니라 중앙을 가로지르는 대각선 영역도 하나의 주제를 나타내는 데 사용되었다는 것이다. 여기서 대각선 영역은 우리가 가장 눈여겨 봐야 할 '몰입 구간(flow channel)' 을 나타낸다.

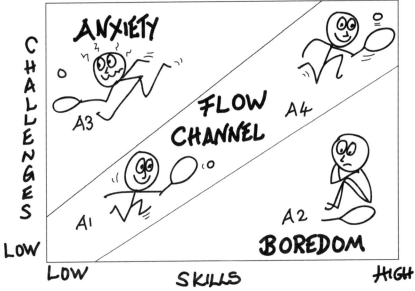

미하이 칙센트미하이는 그의 책에서 테니스를 배우고 있는 알렉스란 소년을 등장시키고 있는데 덕분에 우리는 손쉽게 그림 소재를 얻을 수 있다. 가로축은 'SKILLS(기술 숙련도)'을, 세로축은 'CHALLENGES(도전 난이도)'를 나태내고 있으므로 우리는 A1, A2, A3, A4지점을 각각 다음과 같이 해석할 수 있다.

✎ **A1 지점:** 이제 막 테니스를 배우기 시작한 알렉스에게 아주 쉬운 도전과제가 주어져서 알렉스가 재미있게 테니스를 치고 있다. 예를 들어 테니스공을 네트 너머로 넘기기만 하면 된다는 도전과제는 알렉스의 현재 기술 수준과 잘 맞아서 그는 흥미를 잃지 않고 테니스를 계속 배울 마음이 생길 것이다.

✎ **A2 지점:** 기술 숙련도는 높아졌지만 도전과제가 너무 쉬워

서 알렉스가 지루해 하고 있다.

- ✎ **A3 지점:** 도전 난이도가 기술 숙련도에 비해 너무 높다. 이제 막 테니스를 배우기 시작한 사람에게 프로 선수와 경기해 보라고 하면 의욕과 흥미가 꺾이는 게 인지상정이다. 이런 경우에는 도전 난이도를 낮춰서 알렉스를 다시 몰입 구간으로 이끌어야 한다.
- ✎ **A4 지점:** 알렉스의 기술 숙련도와 도전 난이도가 잘 균형을 이루고 있다. 도전과제가 무척 어려워졌지만 기술이 받쳐주고 있으므로 알렉스는 계속해서 테니스를 즐길 수 있다.

## *어떻게 이야기를 풀어나갈 것인가?*

이 모델은 그 자체에 풍성한 이야기거리가 내포되어 있어서 어느 지점부터 이야기를 시작해도 몰입의 중요성을 다채롭게 설명할 수 있을 것이다. 또한 몰입 구간(flow channel)에 들어섰을 때와 그렇지 않았을 때의 성과 차이를 알렉스의 표정과 동작이 확연하게 보여주고 있으므로 상대방에게 정서적인 공감을 불러일으켜 당신의 메시지가 더욱 확실하게 전달될 수 있도록 만들어 줄 것이다.

그런데 보시다시피 알레스의 표정과 동작을 묘사하는 것은 그다지 어렵지 않다. 위의 그림을 한 번만 따라 그려봐도 그리는 방법이 금세 손에 익을 정도다. 당신이 이 모델을 다른 주제들에 적용해보려고 마음 먹었다면 아무 걱정 없이 지금 당장 시작해 보라. 지금까지 이 책의 그림들을 빼놓지 않고 따라 그려봤다면 당신의 그림 숙련도는 이미 난이도 높은 도전을 뒷받침해 줄 정도로 발전해 있을 테니까 말이다.

## 세로축과 가로축의 마법

아마도 당신은 지금까지 살펴본 4개의 사각형과 그 변형 모델을 다른 주제들에 적용하려면 어떻게 해야 하는지 막막해하고 있을지도 모르겠다. 하지만 적용 방법을 의외로 단순하다. 세로축과 가로축에 지금 당신에게 필요한 판단기준을 새로 붙이기만 하면 된다. 만약 당신이 팀원들과 함께 새로운 제품이나 서비스에 대한 아이디어를 구상하고 있다고 가정해 보자. 여러 가지 아이디어들이 제시되었고 그 아이디어들을 '창의성(CREATIVE)' 과 '실행가능성(ACTIONABLE)' 이라는 기준으로 판단해서 분류하고자 한다면, 당신은 세로축과 가로축에 각각 그 기준을 적기만 하면 된다. 아래의 예시처럼 단순하고 인상적인 그림들을 덧붙여서 말이다.

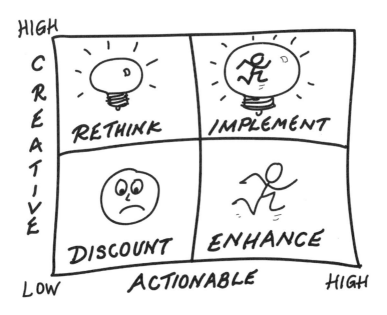

위의 그림에서 각각의 격자는 다음과 같은 의미를 가지게 된다.

- ✎ **왼쪽 하단**: 창의적이지도 않고 실행가능성도 낮다 ⋯→ *제외*
- ✎ **왼쪽 상단**: 창의성은 높이 살 만하지만 실행가능성이 낮다 ⋯→ *재고려*
- ✎ **오른쪽 하단**: 창의성은 떨어지지만 실행가능성이 높다 ⋯→ *아이디어 보강*
- ✎ **오른쪽 상당**: 창의적이고 실행가능성도 높다 ⋯→ *시행 방법 구체화*

이미 눈치 챘겠지만, 위의 그림에서 '창의성'은 반짝이는 전구로, '실행가능성'은 뛰고 있는 막대 사람으로 표현되었다. 그리고 창의성과 실행가능성을 모두 갖춘 아이디어는 그 두 이미지를 겹쳐놓아 가장 이상적인 아이디어로 분류된다는 것을 나타내고 있다. 더불어 각각의 분류에 따라 그 아이디어를 어떻게 처리할 것인지도 한 단어로 정리해놓았기 때문에 팀원들은 이 그림을 통해 당신이 원하는 것이 정확히 무엇인지 인식하면서 새로운 아이디어를 구상하게 될 것이다. 그저 가로축과 세로축의 기준을 변경함으로써, 단순하지만 효과적인 아이디어 생성 모델이 새롭게 만들어졌다는 것을 상기하면서 지금 바로 당신만의 비즈니스 모델을 그려보자.

## 프로세스를 한눈에 보여주는 그림 배열

다음 예시는 우리에게 아주 익숙한 것이다. 어떤 회사나 단체들이든 한번쯤은 자신들이 하는 일에 대한 '업무 순서도' 같은 걸 만들어 보기 마련이고, 그것을 외부인이나 신입사원에게 회사 업무에 대해 소개를 할 때 사용하는 경우가 많다. 혹은, 좀더 세밀한 업무 순서도를 그려서 기존 직원들에게 어떤 업무가 누락되는 걸 방지하는 체크표로 쓰도록 하는 경우도 있을 것이다. 이렇게 유용하게 쓸 수 있는 순서도를 전문 디자인업체에 맡겨서 근사하게 만들어 두는 것도 좋겠지만, 손으로 그려서 언제 어디서든 필요할 때마다 사용하는 것도 그 나름대로 꽤 유용할 것이다. 다음의 예시들처럼 말이다.

## 예시 - 배송 프로세스

간단한 손그림으로도 훌륭한 업무 순서도를 만들 수 있다.
그 효과는 정밀하게 그려진 순서도와 크게 차이나지 않는다.

위의 그림은 배송업체가 의뢰인으로부터 물품을 건네받아, 고객의 집까지 그 물품을 배송하는 과정을 보여주고 있다. 그런데 이 업무 순서도를 구성하고 있는 그림들을 찬찬히 살펴보면 특별한 그림실력이 전혀 필요 없다는 것을 알게 될 것이다. 네모, 세모, 동그라미, 막대 사람 등등, 회사의 업무에 대해서 설명하면서 동시에 그림을 그려도 전혀 무리가 없을 정도로 손쉬운 이미지들이니까 말이다. 그러나 이런 단순한 그림만으로도 충분히 업무의 흐름을 명확하게 보여줄 수 있다. 기억하자. 단순한 그림은 당신이 그리기에도 좋지만, 상대방이 이해하기도 좋다는 것을.

## 예시- 면접 준비

다음의 예시는 취업준비생이 면접에 대비하는 과정을 보여주고 있는데 이미지들이 수평으로 주욱 연결되어 있어서 앞선 예시보다 더욱 더 단순해 보인다. 이렇게 시간순이나 인과관계순으로 단순하게 연결된 그림들은 특별한 설명을 덧붙이지 않아도 보는 것만으로 충분히 이해될 수 있는 명확한 소통의 도구가 된다.

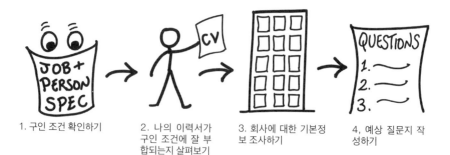

1. 구인 조건 확인하기    2. 나의 이력서가 구인 조건에 잘 부합되는지 살펴보기    3. 회사에 대한 기본정보 조사하기    4, 예상 질문지 작성하기

단순한 구조로 배열된 그림들은 모두 흑백으로 그려도 상관 없지만 조금 더 복합적인 프로세스를 보여주어야 할 때는 여러 가지 색으로 그림을 그려보는 것도 좋다. 계열이 같은 업무들 끼리는 같은 색으로 표시한다든가, 특히 강조하고 싶은 부분은 다른 곳보다 더 크게 그림을 그린다든가 하는 방식으로 복잡 한 순서도도 얼마든지 이해하기 쉽게 제시할 수 있다. 필요한 건 그림에 대한 당신의 자신감일 뿐, 그 어떤 주제도 단순한 그 림들의 배열을 통해 표현해낼 수 있다는 점을 기억해 두자.

## 수평으로 연결하기

정반대되는 개념을 설명할 때는 평행한 선 위에 두 개념을 멀찍이 떨어뜨려 놓아보자. 시각적으로 두 개념의 차이가 확연 하게 드러나면 그만큼 강렬하게 인식될 수 있다.

외향성                                                          내향성

팀 플레이                                                      개인 플레이

감성적                                                        이성적

위의 예시를 보면 알 수 있듯이, 수평선의 양끝에 걸린 그림과 단어들은 정반대 개념을 효과적으로 대비시킴으로써, 좀더 손쉽게 기억을 떠올릴 수 있도록 만들어 준다. 또한 중간의 빈 여백은 반대되는 개념들의 중간 개념이나 점차적인 변화 과정을 설명하는 공간으로 활용될 수 있을 것이다.

## 생각의 흐름을 보여주는 차트

지금까지 어떤 비즈니스 모델과 프로세스를 특정한 포맷에 담는 방법을 설명했지만 꼭 정해진 포맷이 있어야 비즈니스 모델이 되는 건 아니다. 그저 당신 머릿속 생각의 흐름을 종이나 화이트보드 위에 풀어냈을 때에도 훌륭한 모델이 될 수 있다.

*예시- 조직 개선 프로세스*

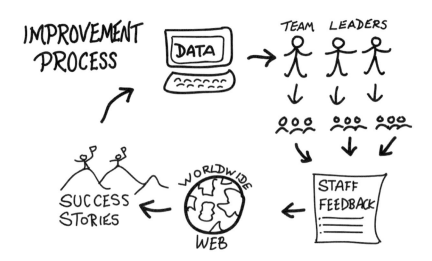

조직 개선이라는 주제에 대해 생각나는 대로 쓱쓱 그려나간 위의 그림도 하나의 비즈니스 프로세스로 불리기에 손색이 없다.

특정 주제에 대해서 생각할 때, 관련된 단어가 먼저 떠오를 수도 있고 어떤 이미지가 먼저 떠오를 수도 있다. 선후 관계를 따지지 말고 먼저 생각나는 것부터 적거나 그려보자. 그리고 서로의 관계들을 화살표로 연결시킨 뒤, 그림만 있는 부분에는 적절한 단어를, 단어만 있는 부분엔 적당한 그림을 채워넣으면 된다. 위의 예시를 잘 살펴보면 완전히 새로운 그림보다는 그동안 우리가 여러 번 그려왔던 그림들이 또 사용되고 있다는 것을 알 수 있을 것이다. 그림은 재활용성이 무척 좋은 소통의 도구다. 비즈니스 모델과 프로세스라는 말을 너무 무겁게 받아들이지 말고 일단 종이 위에 생각을 그려보고 다른 사람들과 공유하고 토론해 보자.

## 예시- 애프터서비스 프로세스 개선

다음 그림은 내가 개최한 프레젠테이션 워크샵에 참가했던 한 여성이 그린 그림을 재구성해 본 것이다. 그녀는 어떤 중견 기업의 고객관리 센터에서 일하고 있었는데, 현재 이뤄지고 있는 애프터서비스 처리 프로세스를 그려보다가 우연히 개선점을 발견하게 되었다고 나에게 말해주었다.

고객이 서비스센터에 전화를 걸어 제품수리를 의뢰하는 것으로부터 시작되는 프로세스는 작업내역이 출력되고 관리자를 거쳐 수리기사로 이어지고 있다. 평소에는 당연하다고 생각했던 이 프로세스를 그림으로 그려보니까 그녀에게 전에는 보이지 않던 업무지체 과정이 확연히 들어왔다고 했다. 서비스센터로 들어온 작업내용을 프린트해서 관리자에서 먼저 전달하는 건 아주 오래 전부터 그렇게 해왔기 때문에 관성적으로 이어져온 과정일 뿐 실제로는 그냥 관리자 책상에 쌓여만 있다가 옮겨지는 불필요한 절차였던 것이다. 그녀는 그전에는 왜 이것을 개선할 생각조차 하지 못했는지 스스로도 의아해 하면서, 아래의 그림에서 보이는 것처럼 새로운 프로세스를 즉석해서 고안해냈다. 즉 프린터와 관리자를 건너뛰고 바로 수리기사에게 연결되는 화살표를 그렸던 것이다. 이 화살표는 기존의 프로세스 과정을 나타내는 화살표와는 달리 점선으로 표시되어 확연히 구분된다.

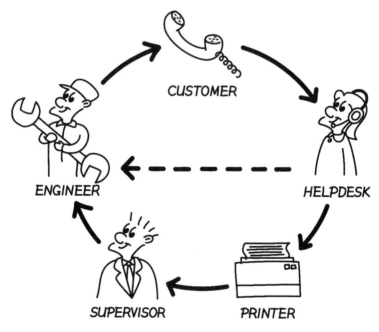

스파이크는 그 어떤 역도 잘 소화하는 훌륭한 배우다.

그녀는 이제 회사로 돌아가 팀원들에게 이 그림을 보여주고 함께 토론해 보겠다고 했다. 그녀의 프로세스 개선 아이디어가 실제로 적용될 수 있을지는 확신할수 없지만, 그녀의 그림을 통해 보다 신속한 고객서비스를 위한 열띤 토론이 벌어질 것은 분명하다.

# 효과적인 전달을 위한 조언들

비즈니스 모델이나 프로세스의 종류가 다양한 만큼 그것을 전달하는 방식도 수만 가지가 있을 것이다. 이를 테면, 포스트 잇이나 자석 카드에 미리 그림을 그려놓고 프레젠테이션 중에는 그것들을 마치 퍼즐을 짜맞추듯이 붙이면서 이야기를 진행하는 것도 굉장히 신선한 아이디어다. 신선한 방법은 전달력도 좋기 마련이다. 그리고 당신의 생각을 상대에게 전달하는 방법에 정답이란 있을 수 없다. 다만 보다 효율적인 전달을 위해서 고려해 볼 수 있는 조언들은 다음과 같다.

## *프레젠테이션의 실전 전략 3가지*

### 1. 호기심을 자극하라

사람들은 다음에 뭐가 나올지 궁금하게 만드는 전개에 빠져들게 마련이다. 소설도 그렇고 영화도 그렇고 당신의 이야기도 마찬가지다. 비즈니스 모델의 다음 빈칸에 무슨 그림이 그려질까 궁금하도록 여러 가지 설명들을 덧붙이면서 상대방의 호기심을 끊임없이 자극하라.

## 2. 조급하게 그리지 마라

이야기를 진행하면서 그림을 그리는 것이 조금 벅차다고 느껴지면 일단은 그림을 그리는 데에만 집중하자. 당신이 그림을 그리는 행위 자체가 어떤 메시지를 전달하고 있으므로, 가능한 깔끔하게 모든 요소들을 그린 뒤에 이야기를 시작해도 나쁘지 않다. 그러다가 그림 그리기에 점점 익숙해지면 말을 하면서 동시에 그림을 그리는 것이 편하게 느껴지는 순간이 찾아올 것이다. 프레젠테이션이란 상호교감이 이뤄지는 시간이기도 해서, 당신이 불안해 하면 상대방도 불안해 한다는 걸 기억하자.

## 3. 대비되는 색을 이용하라

비즈니스 모델이나 프로세스는 각각의 단계들이 잘 구분돼 보이는 것이 중요하다. 전달하려는 정보량이 많아서 그림들의 연결이 다소 복잡해진다면 검은색 펜만 쓰지말고 과감하게 여러 가지 색을 이용해 보자. 이것을 위해서 색채이론을 공부할 필요까지는 없다. 파란색과 빨간색처럼 대비되는 보색으로 개념들을 구분하고, 같은 계열의 그림들은 색을 통일시키는 것만으로도 훨씬 보기 좋고 이해하기도 쉬운 비즈니스 모델, 혹은 프로세스가 눈앞에 펼쳐질 것이다.


## *복사본 공유하기*

당신이 그린 비즈니스 모델을 복사하거나 사진을 찍어서 사람들에게 나눠주는 것도 좋은 방법이다. 사람들은 그 그림을 볼 때마다 당신이 그림을 그리던 모습, 개성이 묻어있는 그림체 등을 복합적으로 떠올리면서, 당신이 전달했던 메시지도 정확하게 기억해낼 수 있을 것이다.

만약 당신이 직접 그린 그림이 아니라 기존에 있던 그림을 활용했다면, 그 원본을 그대로 복사해서 전달하는 것보다 원본 위에 당신이 직접 쓴 메모라든가 간단한 아이콘들을 덧붙여 보는 것도 좋다. 일부분이지만 그것들 역시 상대방이 당신의 메시지를 기억해내는 데 도움을 줄 것이다.

## 디지털 도우미

손그림과 디지털 그래픽은 언제나 서로에게 든든한 조력자 역할을 할 수 있다. 당신이 손그림으로 프레젠테이션을 진행한다고 해서 각종 디지털 장비들은 완전히 배제시킬 필요는 없다. 당신이 손그림을 통해 대략적으로 보여준 정보를 디지털 장비로 좀더 섬세하게 재확인시켜 주는 등, 상대방의 기억을 돕기 위한 효과적인 연출이 얼마든지 가능하기 때문이다. 반대로 디지털 장비로 프레젠테이션을 진행할 때는 손그림이 보조적인 역할을 하면서 당신의 메시지에 신선함을 더할 수 있을 것이다.

## 📄 요약

✏️ 비즈니스 모델과 프로세스를 구성하는 각각의 단계들을 그림

으로 그려서 배열하면 효과적인 프레젠테이션 수단이 된다.

✎ 손으로 그린 그림은 비즈니스 모델과 프로세스라는 용어에서 느껴지는 딱딱하고 학술적인 느낌을 상당부분 줄여준다.

✎ 4개의 박스와 같은 간단한 포맷들은 당신의 메시지를 담는 훌륭한 그릇 역할을 해줄 것이다.

✎ 업무 순서도를 그려보는 것은 상대에게 정보를 전달하는 데 도움이 될 뿐만 아니라, 당신 스스로에게도 생각을 정리해보면서 어떤 새로운 아이디어를 떠올릴 수 있는 기회가 된다.

✎ 그림들의 연결 구조가 다소 복잡해지면 여러 가지 색을 쓰거나 그림의 크기를 달리하면서 각각의 단계를이 확연하게 구분되도록 신경쓰자.

✎ 당신이 직접 그린 그림의 복사본을 공유하면 추후에도 상대방은 그것을 보면서 당신의 메시지를 금세 떠올릴 것이다.


## 🕐 더 연습하기

그림을 매개체로 어떤 비스니스 모델이나 프로세스를 구상하고, 또 전달하는 방법에 익숙해지기 위해 다음의 주제들을 연습해 보자.

✎ 마케팅 믹스 4P처럼 지금 당신의 업무능력 발전을 위해 가장 필요한 요소를 네 가지로 정리한 뒤에 적절한 이미지들로 표현해 보자.

✎ 당신이 지금 하고 있는 업무를 시간의 흐름에 따라 순서대로 그려보자. 그리고 비효율적인 부분이 보인다면 순서나 경로를 바꿔보자.

✎ 기존의 비즈비스 모델을 당신만의 스타일로 다시 그려보고, 거기서 더 발전된 새로운 모델은 없을까 고민해보자. 마음에 드는 모델이 그려졌다면 다른 사람들에게 보여주고 의견을 들어보자.

# 지루한 그래프와 차트에 재미 더하기

## 그래프를 손으로 그려야 하는 이유

  그래프와 차트야말로 컴퓨터의 전유물이 된 건 사실이다. 그래프와 차트를 정확하고 깔끔하게 그릴 수 있는 프로그램은 얼마든지 있고, 사람들은 그것을 모니터나 스크린을 통해 보는 것에 익숙해져 있다. 또한 애니메이션 기법을 조금만 배우면 분기별로 그래프가 변화되는 모습을 보여줄 수도 있고 효과음으로 청중들의 집중도를 높일 수도 있다. 한마디로 어느 것 하나 부족한 게 없다.

  그럼에도 불구하고 나는 손으로 그리는 그래프와 차트가 더 나은 부분이 있다고 말하려고 한다.

### *둘다 활용하자*

  프레젠테이션 프로그램과 손그림이 서로를 배척하지는 않는다. 저마다 장점을 가지고 있다면 두 가지 방법을 적절하게 결합해 보는 것도 생각해 볼 수 있다. 예컨대 어떤 그래프의 기본 모양과 핵심적인 부분은 먼저 손으로 그려서 보여주고, 그 이후에 정확한 수치를 통해 정밀하게 표현된 그래프를 스크린으로 제시한다면 청중의 이해도는 한층 더 높아질 것이다.

## 드라마틱한 효과

당신이 그래프를 데이터들의 뭉치가 아니라 하나의 이야기로 바라봤을 때, 손그림은 특히 유용하다. 수익 급락, 혹은 생산성이 급상승한 구간을 그릴 때, 당신은 얼마든지 손쉽게 극적인 분위기를 연출할 수 있다. 컴퓨터 프로그램으로 극적인 느낌을 주려면 사운드를 집어넣고 애니메이션 효과를 이용하는 등 꽤 공을 들여야 하지만, 손그림을 활용하면 그래프를 그리는 속도를 높인다든지 목소리 톤을 바꾼다든지 하는 단순한 방법으로 청중의 관심을 금세 사로잡을 수 있을 것이다.

## 손쉬운 시점 전환

당신이 그래프를 그리는 동안 상대방은 그것이 어떻게 완성되는지 궁금해 하면서 그래프에 집중할 것이다. 그리고 당신이 말을 하면서 그래프를 바라보면 청중의 시선 또한 그 그래프를 향하게 되고, 당신이 그래프에서 시선을 떼면 청중들은 그래프 대신 당신의 얼굴을 바라보게 될 것이다. 이건 어떤 특별한 기법이 아니라 그저 사람이 사람은 상대하는 자연스러운 방식이다. 손그림의 장점은 이렇게 큰 노력 없이도 사람들의 시점을 손쉽게 이쪽에서 저쪽으로 옮길 수 있다는 점이다. 보다 극적인 시점 전환을 원한다면 4장에서 살펴본 투 비주얼을 여기에 적용해봐도 좋다. 왼쪽에는 그래프를, 그리고 오른쪽에는 그와 관련된 주제들을 적어놓고 그 사이를 왔다갔다 하면서 이야기를 진행한다면 그래프와 어떤 메시지를 연결시키려는 당신의 의도가 효과적으로 전개될 수 있을 것이다.

# 선 그래프

그 어떤 그래프도 손으로 그리는 게 가능하지만 선 그래프만큼 그리기 쉬운 것도 없을 것이다. 또한 선 그래프처럼 단순한 구조를 가진 그래프일수록 손으로 그리면서 얻을 수 있는 효과가 많은데, 한꺼번에 모든 데이터가 다 제시된 선 그래프를 보는 것만큼 지루한 일도 없기 때문이다. 청중들은 눈앞에서 선이 오르락 내리락거리며 그래프가 완성되어가는 과정을 봤을 때 비로소 호기심이 촉발되는 동시에 그래프에 대한 이해도가 높아진다. 또한 선 그래프를 손으로 그리면 한 번에 얼만큼 진행과정을 보여줄지 당신이 완전하게 조절할 수 있기 때문에, 그래프를 통해 전달하려는 메시지를 당신의 페이스에 맞춰 점차적으로 전개시킬 수도 있다. 선 그래프는 시간별이나 분기별로 변동하는 어떤 추세를 보여줄 때 적합한 방식이므로, 이런 식으로 이야기 전개의 시간을 자연스럽게 조절할 수 있을 때 정보 전달 효과가 더 증폭된다.

선 그래프에 여러 가지 선들이 들어가야 한다면 각각의 선들을 다른 색으로 그려도 좋다. 그러나 선들이 너무 복잡해서 손으로 그리면 혼란스러울 정도면 굳이 손그림을 고집할 필요는 없다. 앞서 말했듯이 디지털 방식과 손그림은 서로 배타적인 것이 아니므로 적절하게 배합해서 쓰는 게 가장 현명한 방식일 것이다.

## *예시- 기본형*

다음은 시간에 따른 운동효과를 보여주는 선 그래프이다. 운동을 처음 시작할 때는 그 효과가 빠르게 증가하다가 시간이 흐름에 따라 효과가 고점을 찍고 점점 완만한 정체기에 들어가는 것을 볼 수 있다.

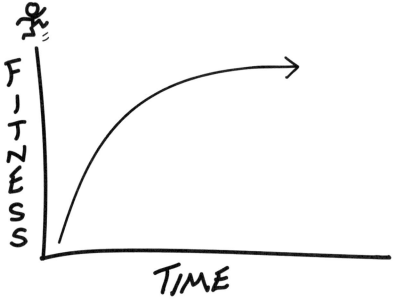

선 하나의 단순한 굴곡만으로도 우리는 복합적인 정보를 전달할 수 있다.

위와 비슷한 선 그래프로 다음과 같은 주제들도 표현해 보자.

✎ 시간에 따른 상품판매 동향: 출시 초기에는 판매량이 급격히 증가하다가 점차 완만해지는 경우가 많다.

✎ 시간에 따른 프로젝트 투자비용: 초기에 비용이 집중되다가 시간이 지날수록 줄어드는 경우가 많다.

✎ 시간에 따른 자산가치
✎ 프로젝트에 새로 투입된 인원의 학습곡선
✎ 계절별 관광객 수
✎ 분기별 수익률

## *예시- 비교형*

선 그래프에 단 한 개의 선만 그리라는 법은 없다. 아래의 그림처럼 여러 가지 항목들의 동향을 하나의 선 그래프에 함께 표시하면 서로 직접적으로 비교를 할 수 있어서 상호간의 차이를 확실히 알 수 있다. 각각의 선들은 실선, 점선 등으로 구분하거나 다른 색을 쓰면 무리 없이 서로 구분이 가능하다.

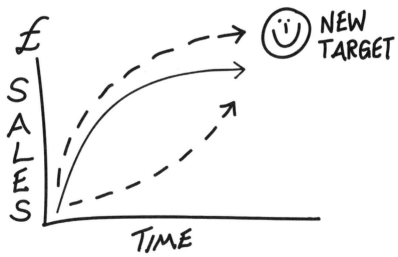

손으로 그래프를 그리면 즉흥적으로 다른 항목들과 추세를 비교해보는 것도 가능하다.

위와 비슷한 선 그래프로 다음과 같은 주제들도 표현해 보자.

- ✎ 두 상품의 판매동향 비교
- ✎ 두 상품의 마케팅 비용 비교
- ✎ 광고매체별 수익률 비교

비교 대상이 꼭 실제 데이터가 아니라도 상관 없다. 상대방과 함께 '만약 이렇다면?' 과 같은 가상 시나리오에 대한 질문을 주고 받으면서 그래프를 그때그때 변경할 수 있다는 점도 손으로 그리는 그래프의 또 한가지 묘미다.

### 예시- 복합형

상황에 따라서는 두 개의 그래프를 그리는 것이 더 확연한 비교가 되는 경우도 있다. 이른바 투 비주얼을 활용하는 것인데, 다음의 두 가지 그래프를 화이트 보드 중간에 선을 그어 양쪽에 각각 그려도 좋고, 두 개의 플립차트를 활용해도 좋다.

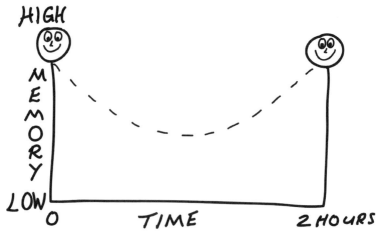

교육시간 중반부에 학생들의 집중도와 학습의욕은 그래프마냥 축 늘어지게 마련이다.

위의 그래프는 교육시간 중 학생들의 집중도 및 기억력 추세를 나타내고 있다. 수업이 시작될 때 높아져 있던 집중도는 시간이 지날수록 꾸준히 하락하다가 중간 지점에서 최저점이 되고, 수업이 끝날 시간이 가까워질수록 다시 점점 높아지고 있다.

그래프의 가로축을 보면 알겠지만 교육시간은 2시간으로 설정되어 있다. 그런데 교육시간 중 상당 부분이 축 늘어진 모양새라면 너무 비효율적인 시간 구성이다. 그럼 어떻게 하면 좀더 학습효율을 향상시킬 수 있을까? 우리는 이미 교육시간의 처음과 마지막에 학생들의 집중도가 최대치라는 걸 알고 있다. 그럼 처음과 끝을 좀더 많이 만들면 되지 않을까? 다음의 두 번째 그래프를 살펴보자.

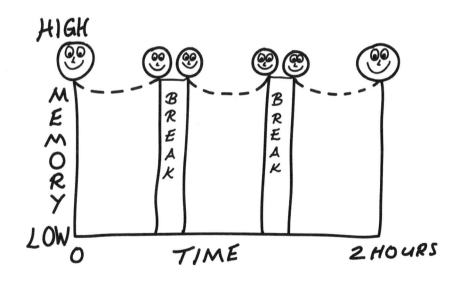

2시간의 교육시간 중간 중간에 쉬는 시간을 2번 배치하면, 위의 그림처럼 총 6개의 스마일 마크, 즉 집중도가 가장 높은 처음과 끝 시간이 6번이나 생긴다. 쉬는 시간이 없었던 이전의 그래프에서는 스마일 마크가 총 2개 밖에 없었던 것을 생각하면, 쉬는 시간을 줌으로써 학습효율이 높은 골든타임이 무려 3배나 증가한 것이다. 또한 두 번의 휴식시간으로 교육시간이 3등분됨으로써 집중도의 하향곡선도 확연하게 완만해졌다는 걸 확인할 수 있다. 집중도가 늘어질 때쯤 쉬는 시간이 줄을 확 잡아당겨서 그래프선을 팽팽하게 만드는 모양새가 되는 것이다. 우리는 이 모든 걸 간단한 직선들과 곡선, 그리고 동그라미들로 아주 명확하게 표현해 낼 수 있다.


## 파이 차트

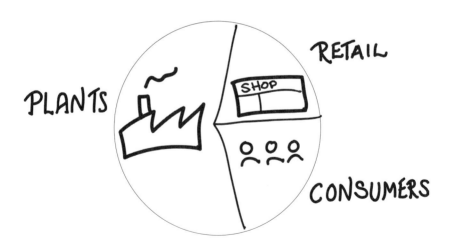

어떤 항목들간의 비율, 혹은 지분의 차이를 잘 나태내 주는 파이 차트도 손으로 손쉽게 그릴 수 있다. 여기에 제시된 두 가지 파이 차트를 보면 알 수 있겠지만 쉽다는 말은 그저 빈말이 아니다. 그러나 손쉬운 방법이 가져다주는 소통의 효과는 무시 못 할 정도로 강력하다. 지금까지 여러 번 강조했다시피 당신이 직접 손으로 단어를 쓰고 선을 긋고 그림을 그리는 행위 자체가 상대의 집중도를 높여준다. 또한 아무리 훌륭한 디지털 그래픽도 당신이 직접 그린 그림만큼 당신의 말과 잘 호응을 이룰 수는 없다. 당신의 말이 시각적으로 정확히 표현된 만큼 당신의 메시지는 상대의 머릿속에 깊게 각인될 것이다. 자신의 생각을 상대방에게 정확하고 빠르게 전달하고자 하는 목표를 가진 당신에게 이와 같은 장점들은 시도하지 않고 그냥 넘어가기엔 너무 소중한 것들이다.

이 정도 파이 그래프를 그리는 데 시간이 얼마나 걸릴까? 30초? 1분?
하지만 이 짧은 시간 동안 당신은 많은 것을 전할 수 있다.

# 막대 그래프

수직, 혹은 수평으로 긴 직사각형을 사용하는 막대 그래프는 어쩌면 디지털 방식으로 그리는 게 최선일지도 모른다. 우리가 네모 반듯한 이미지들을 컴퓨터보다 더 정확하게 그릴 수도 없을 테고, 손으로 그려봤자 특별히 개성이 나타날 여지도 없기 때문이다. 그래도 나는 다음과 같은 몇 가지 경우에는 막대그래프도 손으로 그려볼 충분한 이유가 있다고 말하고 싶다.

✎ 막대 그래프를 제시하면서 그와 밀접하게 관련된 사례나 일화를 말하고 싶을 때
✎ 막대 그래프 위에 어떤 다른 선들을 첨가해서 설명하는 것이 더 효과적일 때
✎ 막대 그래프의 구성이 아주 간단해서 손으로 순식간에 그릴 수 있을 때
✎ 컴퓨터나 프레젠테이션 장비가 준비되어 있지 않을 때

## 예시- 기본형

다음의 막대 그래프는 1~3월, 즉 1/4분기의 판매실적 동향을 보여주고 있다. 이렇게 가로축에는 일련의 기간들이 표시되어 있고 세로축에는 결과를 나타내는 수치가 표시된 것은 막대 그래프의 가장 기본적인 형태이다. 더구나 단지 3개월간의 판매동향을 표시하는 것이라면 어쩌면 손으로 그리는 게 훨씬

더 빠를지도 모른다. 2월에 뚝 떨어진 판매동향을 내려다보는 간단한 그림과 'why?' 라는 문구는 토론해야 할 주제가 무엇인지도 명확하게 보여주고 있다.

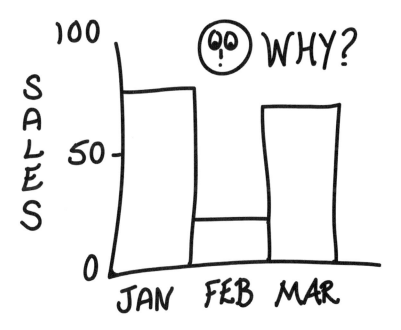

## 예시- 첨가형

고객불만 동향을 나타내고 있는 다음의 그래프는 추가적인 이미지를 그려서 이야기를 계속 이어가는 방식을 잘 보여준다. 고객불만이 점점 줄어들고 있음을 하향 화살표를 통해 다시 한번 강조하고 스마일 마크, 막대 인간, 그리고 다음 단계를 묻는 질문으로 이런 좋은 분위기를 어떻게 계속 이어나갈 수 있을지 토론해 볼 수 있는 것이다. 여기에 다른 색깔로 작년 자료를 표시하거나 다음 분기 예상도 적어볼 수 있을 것이다. 손으로 그림을 그린다는 건 언뜻 생각하면 귀찮고 번잡한 일처럼 느껴지지만, 이처럼 한번 익숙해지면 즉흥적인 생각까지 놓치지 않고 자유롭게 표현할 수 있다. 컴퓨터 프로그램을 통한 것보다 훨씬 융통성 있는 프레젠테이션 방법인 것이다.

## 효과적인 그래프 전략

그래프를 상대방에게 제시하는 구체적인 방법들은 앞 장들에서 살펴본 다른 그림 그리기와 크게 다르지 않다. 다만 그래프는 기본적으로 구체적인 데이터가 포함되는 매체이고 때에 따라서는 정밀성이 요구되기 때문에 어떤 경우에 손그림을 그리는 것이 효율적인지 좀더 신중하게 선택해야 한다.

## 미리 완성된 그래프

어떤 그래프를 미리 다 그려놓고, 프레젠테이션 중에도 어떤 이미지를 첨가하지 않은 채 그대로 쓸 생각이라면 그냥 디지털 방식을 이용하는 것이 낫다. 미리 그린 그래프를 그대로 사용한다는 건 손으로 직접 그릴 때 얻을 수 있는 이점들 대부분을 상쇄시키는 것이기 때문에 굳이 손그림을 그릴 필요가 없는 것이다. 물론 당신의 그림 실력이 전문 화가 수준이라서 컴퓨터 그래픽으로는 도저히 흉내 낼 수 없는 예술적인 그래프를 그릴 작정이라면 또 모르지만 말이다.

## 부분적으로 완성된 그래프

그래프의 일부분만 그려놓고 나머지는 프레젠테이션 중에 완성하는 방법은 경우에 따라서 전체를 실시간으로 그리는 것보다 더 효율적일 수 있다. 예를 들어 그래프의 정밀한 부분들을 미리 그려놓으면 프레젠테이션 중에 시간을 절약할 수 있고, 미완성된 그래프가 어떻게 완성되는지를 지켜보는 것이 오히려 더 드라마틱할 수도 있기 때문이다. 또한 상대방에게 질문을 던지면서 그래프를 그려나간다면 그들에게 그래프를 함께 완성하고 있다는 느낌을 줄 수도 있다.

## 라이브 쇼

궁극적으로 우리가 지향하는 바는 어떤 그래프를 처음부터 끝까지 상대방 앞에서 완성하는 것이다. 그 이유는 물론 상대방의 관심을 사로잡아서 좀더 기억에 남는 메시지를 전달하기 위해서다. 실시간으로 그리는 그래프는 되도록 단순한 것이 좋다. 그러나 그림 그리기가 점점 손에 익어간다면 조금 더 복잡한 그래프들도 시도해볼 수 있을 것이다.

## 디지털과 아날로그

앞에서도 잠시 언급했지만 디지털 방식과 손그림을 함께 사용해 보는 것도 색다른 전략이 될 것이다. 이미 잘 그려진 디지털 이미지가 있다는 건 당신에게 손그림을 그리는 부담감을 덜어 줄 수도 있다. 손으로 그리는 그래프는 단지 이야기를 이끌어가는 용도로서 원본을 흉내 내 듯 그리기만 해도 상대방은 완성된 디지털 그래프를 함께 보면서 당신의 의도를 충분히 파악할 수 있을 것이다.

# 그 밖의 조언들

✎ 상대방이 그래프 속의 데이터에 흥미를 느끼도록 계속 자극하라.
✎ 상대방에게 그래프의 다음 단계는 어떤 모양으로 이어질지 예상해보게 하라.

✎ 그래프 위에 다른 이미지들을 첨가하면서 설명을 이어나갈 때, 상대방에게 질문을 던지면서 적극 참여시켜라.

## 뜸 들이며 그래프 보여주기

미리 그려둔 그래프를 보여주기 전, 혹은 그래프를 그리기 시작하기 전에, 앞으로 당신이 어떤 그래프를 그릴 것인지 간단한 소개부터 해보자. 인간의 뇌는 먼저 큰 그림이 주어져야지만 나머지 세부사항들도 받아들이는 경향이 있다. 큰 개념의 테두리 안에 작은 개념들의 위치를 끼워맞추면서 어떤 정보를 받아들이는 사고방식에 익숙해져 있기 때문이다. 그러므로 그래프를 제시하기 전에 다음과 같은 설명을 덧붙이는 건 그래프에 대한 상대방의 이해도를 한층 높이는 데 도움을 줄 것이다.

"저는 이제 올해 각 분기별 생산비용을 그래프로 그려보려고 합니다. 3/4분기를 주목하시기 바랍니다. 여러분들도 제가 놀랐던 것만큼 놀랄지 궁금하네요."

위와 같은 말은 어떤 그래프를 제시할지 미리 밝힐 뿐만 아니라, 그래프의 특정 부분에 집중하도록 상대방을 유도할 수 있다. 상대방은 당신이 그 부분을 그릴 때까지 조마조마 기다릴 것이고 드디어 그 부분을 그릴 때 최대한도로 집중할 것이다. 그렇게 상대방은 당신이 전하려는 메시지에 점점 빠져들게 된다.

또 다른 예시를 보자.

"다음에 보여드릴 그래프는 우리가 인수하려는 회사 3곳의 작년 실적표입니다. 어떤 실적이 어떤 회사 것인지 맞춰보시겠습니까?"

이번에도 어떤 그래프를 그릴지 미리 밝히는 점은 마찬가지지만 마지막 말을 질문형으로 끝냈다는 점이 다르다. 이 질문을 듣는 순간 상대방은 정답을 맞춰봐야지 하는 의욕 때문에 당신이 그리는 그래프를 그저 수동적으로 바라만 보고 있지 않게 된다. 잘 구성된 말 한 마디가 쌍방향 소통의 시작점이 되는 것이다.

## 그래프는 소통의 도구다

그래프나 도표를 보면 머리부터 아파오는 사람들도 많을 것이다. 일단 숫자들이 나열되기 시작하면 뭔가 차가운 계산이 연상되기도 한다. 그러나 그래프를 소통의 도구로 받아들이기 시작하면 머릿속에서 복잡한 숫자는 지워지고 그래프 자체가 하나의 그림으로 보이기 시작할 것이다. 우리가 손으로 그리려는 것은 정확성과 정밀함을 요구하는 그래프가 아니라, 상대에게 자신의 생각을 전달하기 위한 이야기의 매개체가 되는 그래프이다. 이런 그래프를 그리기 위해서는 정확한 수치 데이터도, 컴퓨터 그래픽도, 프레젠테이션 장비도 필요 없다. 그저 종이 한 장 위에 가상의 시나리오를 데이터 삼아서 생각을 풀어낼 수 있으면 된다. 그래프와 친해졌을 때 우리는 좀더 체계적으로 생각을 정리할 수도 있고, 또한 좀더 설득력 있게 그 생각을 전달할 수도 있을 것이다.

## 📑 요약

✎ 어떤 그래프를 디지털 그래픽으로 제시할지, 아니면 손으로 직접 그릴지는 상황에 따라 결정해야 한다.

✎ 손으로 그래프를 그리면 상대방에게 강한 인상을 남길 수 있고 융통성 있게 이미지들을 추가할 수 있다.

✎ 어떤 그래프를 일부분만 미리 그려놓고 나머지는 프레젠테이션 중에 완성하면 상대방의 적극적인 참여를 유도할 수 있다.

✎ 두 개의 그래프를 투 비주얼로 제시하면 둘 사이의 차이가 확연하게 드러나 서로 비교해 보기가 좋다.

✎ 디지털 그래픽과 손으로 그린 그래프를 함께 이용하면 색다른 프레젠테이션을 연출할 수 있다.

✎ 그래프를 제시하기 전에 어떤 그래프를 그릴지 미리 소개하면 상대방의 집중도와 이해도가 한층 더 높아진다.

✎ 그리는 데 시간이 오래 걸리는 복잡한 그래프는 손그림으로 그리는 것이 오히려 독이 될 수 있다.

## 🕐 더 연습하기

다음과 같이 당신의 생활과 밀접한 주제들을 그래프로 그려보는 연습을 하면 복잡한 업무 그래프도 점점 더 친숙해질 것이다.

✎ 선 그래프로 당신의 나이대별 행복도를 표시해 보자.

✎ 파이 차트로 당신의 하루 일과에서 비중이 가장 큰 일들을 정리해 보자.

✎ 막대 그래프로 당신의 월별 카드 결제액을 표시해 보자.

# 중요항목도 그림과 함께

## 단어만으로는 부족한 이유

중요항목들(bullet points)은 그냥 깔끔하게 글로만 정리하는 게 더 낫다고 생각하는 사람도 있을지 모르겠다. 항목을 만들어 정리하는 이유는 간략하게 알아볼 수 있도록 하기 위해서니까 그림까지 덧붙이는 건 쓸데 없는 노력이라고 말이다. 물론 당신이 맞을 수도 있다. 단어들만 나열하는 게 더 효과적인 순간도 분명히 있을 것이다. 그러나 나는 이렇게 말하고 싶다. 쓸데 없어 보인다고 관심을 끊어버리는 건 큰 이득이 될 수도 있는 기회를 눈앞에서 날려버리는 것이라고. 그럼 이제부터 중요항목과 그림이 결합했을 때 얻을 수 있는 이점이 무엇인지 알아보자.

각각의 항목에 어울리는 그림을 덧붙이면 훨씬 쉽게 기억된다.

## 호기심을 유발

　사실 중요한 내용들을 항목으로 일목요연하게 정리하는 건 우리에게 너무 익숙한 일이다. 이 책만 해도 다른 수많은 책들처럼 중요한 내용들은 항목을 만들어 정리하고 있고 우리는 학교를 다니면서, 시험을 보면서, 강의를 들으면서 신물나게 항목과 목차를 봐왔다. 항목정리가 아무리 효율적인 기억 방법이라고 해도 이쯤되면 웬만해서는 눈에 잘 들어올 리가 없을 것이다. 이럴 때 단순한 그림들을 각각의 항목 옆에 그려놓는다면 상대방은 신선함을 느끼면서 호기심이 발동할 것이다. 그림을 통해 항목정리가 가진 장점의 폭이 훨씬 넓어진다고 볼 수 있다.

## 각인 효과

　항목을 만드는 중요한 의도는 우리가 말하고자 하는 바의 요점을 가장 단순한 형태로 보여주고자 함이다. 따라서 중요 항목들에는 디테일한 사항들이 배제되기 마련이고 자칫하면 무미건조한 내용만 남아서 도무지 기억될 만한 특징이 사라져버릴 수 있다. 이럴 때 필요한 것이 바로 그림의 힘이다. 항목 옆에 덧붙여진 그림은 당신이 전달하고자 하는 생각들의 요점을 기억하기 쉽게 만들어 줄 것이다.

## 다중감각 효과

　중요항목에 그림을 곁들이는 것은 상대의 모든 감각을 사로잡기에도 좋다. 당신이 정리한 중요항목을 볼 때, 그들은 당신의 말을 들으면서 동시에 그림을 보게 되는 것이다. 이렇게 여러 가지 감각이 동원되면 그 대상을 향한 사람의 감정은 더욱 쉽게 촉발되며, 그것은 그만큼 당신이 하고 있는 말에 상대가 감성적으로 더 쉽게 동화가 될 수 있다는 의미이다.

## 중요항목 작성을 위한 팁

### *항목이 많을 경우에는 소문자를 써라*
(역주: 영어로 항목을 작성할 때 해당되는 사항이지만 한글에서도 고딕체와 명조체의 장단점을 생각하면서 적용해보면 유용할 것이다).

소문자로 쓴 단어들은 제각각 고유의 형태로 인식될 수 있는 반면, 대문자로 쓴 단어들은 전체 형태가 일률적으로 직사각형처럼 보이기 때문에 글이 길어질수록 눈으로 잘 구별되지 않는다. 당신은 글 전체가 모두 대문자로 쓰여진 책을 본 적이 있는가? 수많은 단어들이 쓰이는 책의 본문이 소문자로 쓰여지는 데에는 다 이유가 있는 것이다.

위의 그림처럼 소문자로 쓴 단어와 대문자로 쓴 단어에 각각 테두리선을 그었을 때 그 차이는 명확해진다. 그렇다고 대문자가 무조건 안 좋은 것은 아니다. 신문이나 잡지의 헤드라인은 대부분 대문자로 쓰여지 듯이 당신이 정리한 중요항목이 많지 않을 때, 그러니까 서너개쯤 될 때는 강렬하게 보이는 대문자가 오히려 더 효과적일 수도 있다. 이렇듯 프레젠테이션을 할 때는 글자도 하나의 이미지로 인식하면서 상대에게 어떻게 보여질까를 고민할 필요가 있다. 당신의 생각이 상대에게 빠르고 정확하게 전달되기를 원한다면 말이다.

## 번갈아가면서 색깔 바꾸기

항목이 길어질 때 쓸 수 있는 또 한 가지 방법은 색을 이용하는 것이다. 예를 들어 첫째 줄은 검은색, 둘째 줄은 파란색, 그리고 셋째 줄은 다시 검은색… 이런 식으로 항목의 색깔을 줄마다 번갈아 가면서 바꾸면 전체가 똑같은 색일 때보다 각각의 항목들이 훨씬 잘 구분되어서 상대에게 편하게 읽힐 것이다.

## 대문자+소문자

다음의 예시는 대문자로 상위항목을, 소문자로 하위항목을 쓴 경우이다. 이런 형식의 목록은 미리 대문자만을 써놓아 상대방의 호기심을 유발한 다음, 프레젠테이션 중에 소문자로 하위항목을 완성하는 방법을 써도 효과적이다. 당신이 하위항목들을 써나가는 동안 사람들은 상위항목 옆에 덧붙여진 그림들을 보면서 어떻게 전체 항목이 완성되어 가는지 주목하게 될 것이다.

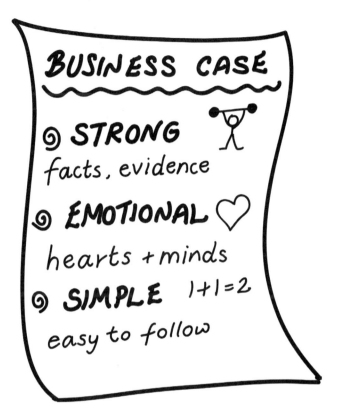

대문자와 소문자는 상위 개념과 하위개념을 시각적으로 분리시켜 보여주는 효율적인 도구다.

또한 이런 형식은 상대방의 참여를 유도하기에도 좋다. 상위
항목만을 당신이 적고 하위항목은 상대방의 의견을 들으면서
함께 완성하는 것이다. 물론 여기에 색깔을 입혀서 상위항목
과 하위항목, 그리고 그림의 색을 각각 달리할 수도 있다. 색들
이 시각적으로 대조를 이루면서 당신이 전달하려는 정보가 상
대의 마음 속에 더욱 쉽게 각인될 것이다.

## 리듬과 반복

글에도 음악처럼 리듬이 있다는 걸 우리는 시를 통해서 잘 알고 있다. 만약 당신의 중요항목이 한 줄에 한 단어씩으로 정리가 된다면 글자의 숫자를 신중하게 맞추어 읽을 때마다 리듬이 생기도록 만들어보는 것은 충분히 가치가 있는 일이다. 리듬이야말로 기억의 탁월한 조언자이기 때문이다. 예를 들어 어떤 것을 잘 기억하고 싶으면 그것을 보고, 듣고, 말하고, 직접 해보아야 한다는 걸 설명할 때, 나는 다음과 같이 중요항목들을 정리해서 제시한다. "See, Hear, Say, Do" 이렇게 알파벳 갯수가 비슷한 단어를 고르면 리듬감이 생기고 그 리듬감은 반복해서 읽을 때마다 강해진다.

우리의 뇌는 리듬을 좋아한다.

더불어 리듬은 그림과도 궁합이 잘 맞는다. 굳이 다시 읽어 보라고 요청하지 않아도 사람들의 머릿속에는 글귀가 리듬이 되어 계속 반복될 것이고 거기에다가 그림까지 시각적으로 각인되면 그야말로 소통을 위한 첫단추가 제대로 끼워지는 것이다. "A stitch in times saves nine(제때의 한 바늘이 뒤의 아홉 바늘을 던다)." 라는 속담처럼 그 이후의 프레젠테이션은 순풍을 타고 앞으로 주욱 나아갈 것이다.

## 3의 힘

어떤 메시지를 전달할 때 3이라는 숫자가 발휘하는 힘은 놀라울 정도다. 당신의 중요항목이 3개로 추려질 수 있으면 리듬감을 만들기도 좋아서 그 효과는 더욱 증폭된다. 이런 3의 힘을 잘 이용하고 있는 곳은 바로 정치권이다. 그들은 주요 정책을 발표할 때 3가지로 정리하는 경우가 많은데, 나는 영국의 어떤 정당이 내놓은 다음과 같은 구호도 본 적이 있다. "education, education, education(교육, 교육, 교육)" 이렇듯 3이 가진 기억과 각인 효과는 막강하다. 심지어 3개의 항목이 모두 같은 단어라도 말이다.

*다음의 예시들을 살펴보자.*

✎ innovation(혁신)
✎ design(디자인)
✎ delivery(전달)

3개로 정리된 항목은 깔끔하고 기억하기에도 좋다.

만약 당신이 아래의 예처럼 3개의 항목을 시간 순으로, 혹은 인과관계 순으로 정리할 수 있다면 금상첨화다.

✎ listen(듣고),

✎ think(생각하고),

✎ respond(응답하라).

시간 순으로, 혹은 인과관계 순으로 정리된 항목은
상대에게 어떤 행동을 촉발 시키기에 적합하다.

## 같은 글자로 시작하라

우리는 경험상 첫글자가 같은 단어들의 목록이 훨씬 쉽게 기억된다는 걸 알고 있다. 당신의 목록을 그렇게 정리할 수 있다면 그건 소통을 위한 최선의 선택이 되어줄 것이다. 다음의 예시들처럼 말이다.

✎ distributing(분배), directly(신속), daily(매일)
✎ presence(존재), power(힘), punch(타격)

## 정적인 단어와 동적인 단어

첫글자를 똑같이 맞출 수가 없다면 단어의 형태를 맞춰보는 것도 흥미로운 결과를 가져다 줄 것이다. 정적인 단어와 동적인 단어 형태는 읽을 때나 들을 때, 각각 다른 느낌을 준다. 다음의 예시들을 읽어보고 어떻게 느낌이 다른지 생각해 보자.

✎ innovation(혁신), communication(소통), education(교육)
✎ innovating(혁신하는), communicating(소통하는), educating(교육하는)

정적인 단어는 다소 개념적으로 이해되는 경향이 있다. 특히 '-tion'으로 끝나는 단어들이 그렇다. 반면 동적인 단어는 정적인 단어를 생생하고 힘이 넘치는 느낌으로 바꿔 준다. 특히 'ing' 끝나는 단어들은 당신의 개념에 동적인 느낌을 불어 넣는다. 그러나 정적인 단어와 동적인 단어 사이에 우열관계는 없다. 각각의 단어 형태는 느낌이 분명히 달라서 쓰임새도 분명하게 다르다. 어떤 느낌의 단어가 적당한지는 당신이 전달하려는 생각의 내용과 상황에 따라 결정하면 된다. 다만 한 가지 형태를 정했으면 통일을 시키는 게 좋다. 'listening, learning, grow' 이렇게 섞어쓰는 것보다 'istening, learning, growing' 과 같이 통일시키는 게 훨씬 부드럽게 읽히고 임팩트도 강하다는 걸 기억하자.

### *중요항목은 훌륭한 스토리 라인이 될 수 있다*

항목을 정리하다 보면 각각의 목록들이 자연스럽게 연결되는 경우가 있다. 특히 시간 순이나 인과관계 순으로 정리되었을 때는 그 자체로 아주 훌륭한 스토리 라인 역할을 하는데, 그럼 당신에게는 소통을 위한 또 다른 도구가 생긴 셈이다. 중요항목을 제시하면서 관련된 일화나 사례 등을 덧붙여서 프레젠테이션의 내러티브를 풍성하게 만들어보자.

## 중요항목 정리의 몇 가지 예시들

지금까지 살펴본 중요항목 예시들에 더해 몇 가지 예시들을 좀더 살펴보고 잘 선별해서 당신만의 방식으로 응용해 보자.

### *기본 형식*

✎ global(국제)
✎ fast(신속)
✎ delivery(배송)

위와 같은 기본 형식은 한 줄에 한 단어씩 들어가는 아주 단순한 방법으로도 당신의 생각을 제대로 전달할 수 있다는 걸 보여준다. 특히 항목이 단순하면 단순할수록 당신에게는 설명을 하면서 동시에 그림을 그릴 수 있는 여유가 생긴다. 상대는 당신이 그리고 있는 그림과 단어를 연결시키면서 집중하게 될 것이다.

## 또 다른 단어 덧붙이기

다음의 예시는 앞에서도 살펴본, 어떤 것을 잘 기억하고 싶으면 그것을 보고, 듣고, 말하고, 직접 해보아야 한다는 걸 설명하는 차트에 약간의 수정을 한 형태다. 오른쪽에 수직으로

'REMEMBER' 라는 단어를 추가함으로써 4가지 항목의 결과 까지 차트에 모두 표시한 것이다.

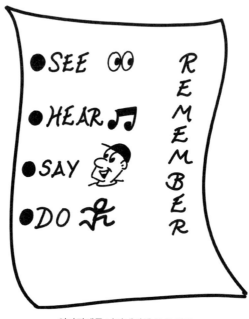

인과관계를 나타내기에 좋은 형태

위의 차트는 see, hear, say, do라는 4가지 원인을 통해 'REMEMBER' 라는 결과를 얻을 수 있다는 점을 시각적으로 잘 보여주고 있다. 이런 형태의 디자인은 시각적으로도 분명할 뿐만 아니라 그 자체로 완결된 스토리 라인을 갖추고 있기 때문에 당신의 프레젠테이션을 더욱 풍성하게 만들고 상대방의 이해도를 높일 수 있다.

## 단 하나의 그림만 그려진 중요항목들

 다음의 예시는 이전 예시들과는 달리, 각각의 항목에 그림을
하나씩 그린 것이 아니라, 전체 아이디어를 나타내는 단 하나
의 그림만 그린 경우이다.

단 하나의 그림은 전체 항목을 아우르는 연상기호 역할을 한다.

 "Thinking Correctly Under Pressure(압박 속에서도 정확
하게 생각하기)" 는 영국팀을 럭비 월드컵에서 우승으로 이
끈 클라이브 우드워드(Sir Clive Woodward) 감독의 말인데
문장을 구성하는 단어들의 앞 철자만을 모아서 T-CUP이라
고 줄여서 인용되는 경우가 많다. 위의 그림처럼 한 문장을 4

줄로 나눠서 쓰고 그 위에 T-CUP을 표현하는 찻잔을 그려놓으면 그냥 전체 문장을 인용하고 마는 것보다 훨씬 체계적으로 보여서 기억하기 쉽다. 특히 찻잔 그림은 하나의 연상기호(mnemonic) 역할을 하면서 그림을 보는 순간 전체 문장이 떠오르게 한다.

당신의 조직이 여러 가지 어려운 여건으로 압박을 받고 있고 있다면, 구성원들과 함께 이럴 때일수록 정확한 판단을 내려야 한다고 강조하는 T-CUP 캠페인을 벌여보면 어떨까.


## 중요항목을 제시하는 최적을 방법을 찾아라

정보 그 자체도 중요하지만 그 정보를 어떤 방식으로 전달할 것인가 하는 것도 우리에게 늘 중요한 문제다. 중요항목을 제시하는 다음의 방법들을 모두 고려해 보면서 당신에게 맞는 최적의 방법을 찾아보자.

✎ 모든 항목을 미리 적어둔다.
✎ 일부 항목만 미리 적어두고 나머지는 발표 중에 채워넣는다.
✎ 모든 항목을 발표 중에 상황에 맞추어 실시간으로 적는다.

각각의 방법에는 모두 나름대로의 장점이 있기 마련이기 때문에 어느 것이 더 낫다고 말할 수는 없다. 더구나 우리는 상대방의 참여 여부를 염두에 두면서 다음과 같은 선택들도 생각해 볼 수 있다.

✎ **모든 항목을 혼자서 제시한다**— 이 방식은 프레젠테이션의 주도권을 당신이 완전히 장악하고자 할 때 사용한다. 어떤 정보를 단순 명료하게, 그리고 신속하게 전달할 필요가 있을 때, 그리고 철저한 사전 검증을 통해 당신이 모든 내용을 완전히 숙지하고 있을 때 효율적이다.

✎ **항목의 일부분만을 제시하고 상대와 함께 추가적인 항목을 작성한다**— 이 방식은 항목의 큰 틀과 방향은 당신이 미리 정해놓았지만 세세한 부분은 상대방의 의견을 들으며 결정하고 싶을 때 사용한다. 앞서 살펴보았듯이 상위항목만을 미리 적어놓고 하위항목은 상대방과 함께 완성해나간다면 그만큼 상대방의 참여의식을 높일 수 있을 것이다.

✎ **모든 항목을 상대의 의견을 들으면 함께 작성한다**— 이 경우는 상대가 어떤 의견을 내놓든지 기꺼이 받아들일 준비가 되어있을 때 적당하다. 시급한 의사결정을 위한 회의보다는 브레인스토밍을 통해 모든 정보를 취합해보자 할 때 사용해 보자.

## 당신만의 스타일로 만들어라

지금껏 살펴 본 중요항목의 예시들은 그저 당신만의 스타일로 발전시키기 위한 견본들일 뿐이다. 특히 각각의 항목 옆에 어떤 그림을 그릴까 하는 것은 그야말로 무궁무진한 영역이기 때문에 이 장에서 소개된 그림들을 몇 번만 따라 그려보고 가장 효율적인 전달 방식을 찾아서 당신만의 실험을 시작하면 된다. 다음은 당신의 실험을 위한 몇 가지 조언들이다.

✎ **완벽하게 그리려고 하지 마라** ― 그림을 완벽하게 그리려고 노력하는 시간보다 각각의 항목을 표현할 최적의 이미지는 무엇일까를 고민하는 시간이 우리에게는 더 가치가 있다. 솜씨는 형편없어 보이는 그림이라도 중요항목과의 궁합이 잘 맞다면 그 그림은 적어도 우리의 눈에는 다빈치의 작품보다 더 나은 그림이다.

✎ **일단 펜을 들고 생각이 흘러가도록 나두자** ― 모든 생각을 완벽하게 정리한 뒤에 한치의 오차도 없이 그대로 표현해 보리라 마음 먹은 건 그야말로 망상이다. 당신이 제일 먼저 해야 할 것은 생각하는 것이 아니라 일단 손에 펜을 쥐는 것이다. 생각은 펜을 끄적거리면서 시작되고, 그림을 그리면 그릴수록 생각이 다듬어진다. 한번 이런 습관을 들이면 펜을 잡는 행동만으로도 어떤 아이디어가 떠오를 수도 있고, 연습을 하면 할수록 그림 그리기는 점점 더 쉬워진다는 걸 알 수 있을 것이다.

✎ **긍정적인 반응들을 즐겨라** ― 칭찬은 언제나 발전을 위한 동력이 된다. 내가 경험한 바로는 중요항목을 그냥 단어로만 제시하는 것보다 그림으로 그 의미를 더 확실하게 보여줬을 때 청중의 호응도는 비교할 수 없을 정도로 긍정적이었다. 어설픈 그림이라도 숨기지 말고 당신의 친구와 동료들에게 보여주고 의견을 경청하자. 그들을 통해 새로운 아이디어를 얻을 수 있고 잘못된 것은 개선할 수도 있다. 그리고 그들의 칭찬이야말로 당신이 그림 그리기를 다른 수많은 주제들로 적용시켜나가기 위한 에너지원이 되어 줄 것이다.

# 📑 요약

- ✎ 그냥 단어만 나열하는 것보다 중요항목과 그림을 결합했을 때 훨씬 더 기억되기 쉽다.
- ✎ 각각의 항목에 맞게 색깔을 적용해 보라(예를 들어 부정적인 항목은 검은색, 긍정적인 항목은 노란색)
- ✎ 항목이 많지 않을 땐 대문자를 쓰자.
- ✎ 항목이 많을 땐 소문자를 쓰고, 각각의 항목에 색깔을 번갈아가면서 입히는 것을 고려해보라.
- ✎ 듣거나 읽었을 때 리듬감이 생기는 단어들을 골라보자.
- ✎ 중요항목을 시간 순이나 인과관계 순으로 나열하면 스토리텔링을 하기에 유리하다.
- ✎ 중요항목을 3개로 추릴 수 있다면 그렇게 해라. 숫자 3은 임팩트가 강한 메시지가 된다.
- ✎ 정적인 단어와 동적인 단어를 각각의 상황에 맞게 활용해 보자. 대신 한 가지를 정했으면 모든 단어의 형태를 통일시키는 것이 좋다.

# 🕐 더 연습하기

다음의 주제들 중 당신과 좀더 가깝게 느껴지는 것을 골라 실제로 프레젠테이션을 준비한다는 마음으로 중요항목을 디자인해 보자.

- ✎ 종이 한 장, 그리고 펜 한자루면 준비 끝. 아래의 두 가지

목록들을 종이에 주욱 적어보고 각각의 항목에 어울리는 그림들을 매치시켜 보자. 그림을 그리면서 어떤 색을 쓰면 더 돋보일까도 고민해 보자. 색을 입히는 게 별로 도움이 안 될 것 같으면 그냥 흑백으로 정리해도 된다.

- 아이디어, 디자인, 실행
- 개인, 팀, 조화

✎ 당신이 현재하고 있는 일의 성격을 3가지 단어로 요약해보자. 그 3가지 단어들을 중요항목으로 삼아서 다른 사람에게 설명해야 한다고 가정해보자. 각각의 항목에는 어떤 그림이 어울릴까, 또 사람들은 그것을 어떻게 받아들일까, 상상해 보자.

✎ 기존에 사용했던 프레젠테이션 자료를 다시 살펴보자. 글로만 정리되어 있는 항목들에 지금이라도 곁들이면 좋을 것 같은 이미지를 떠올려보고 실제로 적용해보자. 프레젠테이션의 느낌이 어떻게 변했는지 살펴보고, 과거에도 이렇게 그림을 곁들였으면 프레젠테이션의 결과가 그대로 였을까, 아니면 달라졌을까를 생각해 보자.

# Free Drawing Space

# 비주얼 맵핑 활용하기

　이번 장에서는 당신이 전달하고자 하는 바를 종합적으로 보여주면서도 상대의 마음을 사고잡고 정보의 흡수율까지 높여주는 비주업 맵에 대해 알아보자. 비주얼 맵은 그동안 당신이 쌓아왔던 그림 실력을 유감 없이 발휘할 수 있다는 점에서 화통의 종합판이라고 할 만하다. 비주얼 맵은 일대일이나 몇 명으로 구성된 회의, 그리고 많은 사람들 앞에서 하는 프레젠테이션에까지 모두 적용이 가능하다. 그리고 화이트보드, 플립차트, 혹은 그냥 종이 한 장 위에도 비주얼 맵을 그릴 수 있는데, 다만 그런 매체들을 가로로 길게 사용해야 생각을 펼치기에 좋다는 점을 염두에 두자. 다음은 7장에서 살펴 본 제롬 매카시의 마케팅 믹스 4P를 비주얼 맵으로 다시 풀어본 것이다.

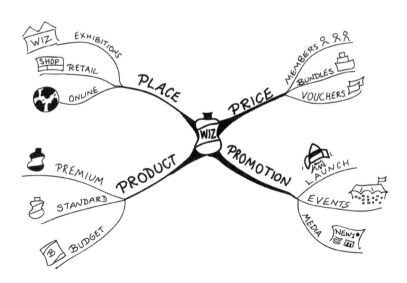

위의 예시를 보면 알겠지만 비주얼 맵은 주요 개념을 한 가운데 두고 거기에서 파생되는 하위 개념들이 계속 가지를 쳐나가는 방식으로 그려진다. 세부 사항들로 갈수록 가지들이 점점 더 많아지면서 방사선 모양으로 뻗어나가는 모습은 우리들의 생각이 퍼져가는 모습 그대로이다.

비주얼 맵의 잠재력에 관해서는 그동안 교육 분야에서 많은 연구가 이루어졌다. 가속 학습(accelerated learning)의 주창자 중 한 사람인 코린 로즈(Colin Rose)는 그의 책 『마스터 앤드 패스터 *Master and Faster*』에서 러닝 맵(learning map)에 대해서 언급하면서 다음과 같이 설명했다.

"정보가 시각화되어 있기 때문에 단 한번에 받아들이는 것이 가능해집니다. 그리고 아주 짧은 시간 동안의 학습만으로도 그 그림은 머릿속에 저장됩니다. 눈을 감아도 마음의 눈으로 그림이 보이는 것이죠."

『맵와이즈 *Mapwise*』을 쓴 올리버 카빌리오이(Oliver Caviglioi)와 이안 해리스(Ian Harris) 또한, 내면화된 생각을 표면화하는 데 유용한 '모델 맵(model map)'으로 시각적인 사고법(visual thinking)에 대해서 설명하고 있다.

"만약 당신의 머릿속을 지도 한 장으로 풀어낼 수 있다면, 당신은 상대방에게 쉽게 정보를 전달할 수 있을 뿐만 아니라 스스로도 생각을 더 발전시킬 수 있습니다."

그렇다면 비주얼 맵이 왜 그토록 정보 흡수율이 좋은지 그 이유에 대해 좀더 자세하게 살펴보자.

## 공간 기억(*spatial memory*)

　평소에는 잘 느낄 기회가 없지만 사람의 공간 기억력은 실로 놀랍다. 나는 회사원부터 학생들과 어린 아이들까지 다양한 부류의 사람들 앞에서 프레젠테이션을 하면서 사람들이 발휘하는 공간 기억력을 목격하고 놀란 경험이 수없이 많다. 예를 들어 내가 화이트보드에 어떤 주제에 대한 비주얼 맵을 완성한 다음, 화이트보드를 돌려서 텅빈 반대쪽 면을 보여주면서 어떤 한곳을 가리키면, 청중들은 그곳에 어떤 그림이 있었는지 정확하게 기억해냈다.

비주얼 맵이 눈 앞에서 사라져도 사람들은 정보들이 있었던 위치를 정확히 가리킬 수 있다.

　그런데 중요한 점을 사람들은 내가 그린 비주얼 맵을 기억하려고 특별히 애쓰지 않았다는 점이다. 그냥 내가 비주얼 맵을 그리는 것을 지켜봤고 특별한 예고도 없이 그림을 숨겼을 때 그들은 거의 자동적으로 비주얼 맵의 세부적인 사항들에 관한 나의 질문에 막힘없이 대답할 수 있었다. 마치 텅 빈 화이트보드에 아직 비주얼 맵의 흔적이 남아있어서 그저 눈에 보이는 것을 말하듯이 말이다. 이런 믿기 어려운 효과는 자신의 학습능력에 대한 새로운 인식을 가져다 준다. 특히 스스로 공부에는 소질이 없다고 생각하면서 의기소침해 있는 학생들에게는 커다란 자신감을 불어넣어 주며, 뭔가를 기억하고 배우기 위해서는 엄청난 노력을 해야 한다고 믿으면서 미리 겁먹고 있던 사람들을 놀라게 하기에 충분하다.

## *신경 구조의 거울*

토니 부잔(Tony Buzan)은 그의 저서 『마인드맵 *The Mind Map Book*』에서 우리 두뇌의 사고 패턴을 다음과 같이 묘사했다.

*"우리의 뇌는 수많은 가지들이 오밀조밀 연결되어 있는 기계(BAM; Branching Association Machine)와 같다. 그것은 엄청 거대한 기계라서 사실상 무한하다고 할 수 있는 데이터 연결부들로부터 생각의 가지들이 방사선 모양으로 뻗어나가는 슈퍼 바이오 컴퓨터라고 할 만하다. 마인드 맵의 구조는 당신 뇌의 물리적인 골격을 구성하는 이런 신경 회로망이 그대로 반영된 것이다."*

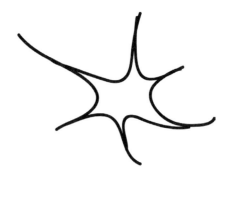

이런 이유로, 우리가 그리는 비주얼 맵도 항상 중앙에서 시작하여 방사선으로 바깥을 향해 뻗어가는 나뭇가지 모양이 되는 것이다. 비주얼 맵 속의 정보들은 한 부분이 다른 부분들과 어떻게 연결되어 있는지 쉽게 파악할 수 있기 때문에 그만큼 체계적으로 기억에 남는다.

## 정보들의 질서

대부분의 사람들은 전체적인 개념을 먼저 알고난 뒤에야 세부사항들을 이해하기가 더 쉽다. 반대로 세부사항들부터 시작되는 학습은 뭔가 어색하고 이해도도 떨어지기 마련이다. 또한 어떤 정보들이 질서정연하게 제시되었을 때와 그냥 무작위로 순서없이 던져졌을 때 정보 흡수율의 차이는 엄청나다. 물론 전자가 월등히 높다. 비주얼 맵은 주요 개념은 큰 가지에, 세부 개념들은 작은 가지들에 제시되기 때문에 정보들이 자연스럽게 질서를 유지하게 된다.

## 덩어리 정보

당신이 외우고 있는 전화번호나 계좌번호를 떠올려보라. 숫자들이 하나씩 떠오르기보다 몇 개씩 뭉쳐져서 기억날 것이다. 마찬가지로 비주얼 맵도 정보들을 덩어리별로 그룹지워 놓기 때문에 기억력을 한층 더 높일 수 있다.

## 버라이어티 쇼

비주얼 맵은 자연스러운 방식으로 우리에게 그림을 그리고, 글자를 쓰고, 대화를 하게 한다. 비주얼 맵을 그리면서 다음과 같은 요소들을 양념 삼아 첨가해 보자. 한 편의 버라이어티 쇼를 연출한 당신의 노력은 사람들의 기억력을 높이는 데 도움이 될 것이다.

✎ 다소 과장된 우스꽝스러운 그림을 그려보자.
✎ 강렬한 색, 그리고 색다른 모양과 선들로 비주얼 맵을 그려 보자.
✎ 특이한 사례나 반어적인 인용문들을 곁들이자.

한편, 비주얼 맵을 청중들 앞에서 처음부터 끝까지 실시간으로 그리는 것은 대단한 집중 효과를 발휘한다. 어떤 것이 시작되는 것을 목격한 사람들은 그것은 어떻게 마무리되는지도 목격하고 싶어하기 때문이다. 우연히 첫회를 보게 된 드라마는 어찌된 일인지 중간중간 재미가 없고 지루해도 마지막회까지 보게되는 경우가 많지 않았는가? 마찬가지로 사람들은 당신이 그리기 시작한 그 그림이 어떻게 마무리되는지 보기 위해 눈을 떼지 못하고 온 신경을 집중하게 될 것이다.

## 빠르다!

전달해야 하는 정보량이 많을 때 우리는 되도록 말을 빨리 해서 시간을 절약하려고 한다. 그러나 아무리 말을 빨리 한다고 해도 동일한 형식으로 주욱 이어지는 말만큼 상대방을 지루하게 하는 것은 없다. 내가 경험한 바에 따르면 오직 말로만 어떤 주제를 설명했을 때보다 그림을 그리고 글을 써가면서 설명을 진행했을 때 정보의 전달 속도가 훨씬 더 빨라졌다. 보통 10~15분 정도면 그 어떤 정보도 대략적으로 전달할 수 있는 시간이다. 이런 면에서 비주얼 맵은 상대방을 지루하게 만들지 않고 중간 중간 프레젠테이션을 페이스를 조절할 수 있는 모든 요소들이 종합적으로 갖추어진 방법이다. 설명을 하면서 그림까지 그려야 하는데 어떻게 속도가 빨라질 수 있느냐고 생각할 수 있지만 주욱 이어지는 설명을 스스로 단절시키고 새롭게 이어나갈 수 있는 여유가 있어야만 소통의 속도는 더욱 빨라진다는 걸 기억하자. 더구나 우리에게 필요한 그림은 공을 들여서 말끔하게 그려낸 그림이 아니다. 소통을 목적으로 한다면, 모든 것이 완벽하게 표현된 그림보다 오히려 속도를 높여 뚝딱 그려낸 그림이 더 효과적인 경우가 다반사다.

비주얼 맵은 당신이 말을 하는 동안 사람들에게 편안한 분위기를 느끼게 해준다. 경계심이 풀어지면 특별히 다른 노력을 하지 않아도 정보의 흡수율은 급속도로 높아진다. 그건 부드러운 스펀지에 물이 스며드는 것처럼 자연스러운 일이다. 그런데 내가 말하는 편안함이란 지루해서 졸립고 나른한 상태가 되는 것과는 완전히 다르다. 비주얼 맵이 형성하는 부드러운 분위기는 흥미가 느껴져서 경계를 풀고 모든 걸 받아들일 준비가 되는 것이기 때문에 청중을 졸음으로 몰아넣는 지루한 발표를 면하게 해줄 것이다.

자, 이처럼 비주얼 맵은 당신의 프레젠테이션에 도입해 볼 만한 충분한 이유들을 가지고 있다. 그런데 비주얼 맵은 어떤 주제와 궁합이 잘 맞을까?

## 비주얼 맵으로 표현하기 적당한 주제들

비주얼 맵은 여러 가지 측면을 종합적으로 고려해야만 하는 대부분의 주제와 어울리지만 다음 몇 가지 예시들로 미리 연습해보면 좋을 것이다.

- 신상품의 특징과 장점들
- 부서간 업무협조 시에 문제점
- 아이디어 회의
- 고객불만 사항 해결책
- 신 사업계획

✎ 다음 분기 전략회의
✎ 조직구성 개요

다만, 어떤 주제를 비주얼 맵으로 전환하려고 할 때는 다음과 같은 실무적인 문제들을 염두에 두는 것이 좋다.

## 실시간으로 그릴 경우

당신이 만약 상대방이 보는 가운데 실시간으로 비주얼 맵을 그리려고 한다면 그 주제의 분류는 5개의 섹션, 아니면 최대 7개의 섹션이 적당하다. 그 이상이면 그리는 데 너무 오래 걸려서 상대방의 집중력에 부정적인 영향을 줄 수 있다.

## 미리 그려둘 경우

미리 그려둔 비주얼 맵을 제시할 경우에는 주제 분류의 갯수는 크게 개의치 않아도 된다. 섹션이 많을 경우에 염려되는 것은 그리는 데 시간이 너무 오래 걸리는 것이지, 비주얼 맵이 복잡해지는 것이 아니기 때문이다. 비주얼 맵은 꽤 복잡한 구조도 충분히 수용할 수 있는 능력을 지녔다. 우리 뇌의 신경망처럼 말이다. 한편, 규모가 작은 팀에서는 팀원 각자가 자신의 생각을 미리 비주얼 맵으로 그려서 서로 공유해도 좋다. 그 비주얼 맵들을 합쳐가면서 토론을 이끌어간다면 팀 전체의 생각이 어떻게 흘러가고 있는지 알수 있는 정확한 지표가 되어 줄 것이다.

# 비주얼 맵을 그리는 순서

비주얼 맵은 여러 가지 요소들이 복합적으로 들어가므로 사전에 미리 계획을 짜놓는 것이 좋은 성과를 얻을 수 있다. 물론 이것은 그림과 선들을 완벽하게 그리라는 의미는 아니다. 다음에 제시된 순서대로 연습을 하다보면 당신은 거친 스케치만으로도 생각한 모든 요소들이 하나씩 하나씩 제자리를 잡는 즐거움을 느낄 수 있을 것이다.

## 비주얼 맵 디자인

비주얼 맵으로 당신의 생각을 제대로 배치시키려면 몇 가지 따라야 하는 규칙이 있다. 물론 이 규칙은 이 장에 예시된 비주얼 맵들을 찬찬히 들여다 보면서 스스로 알아나갈 수도 있을 것이다. 어떤 방식이든 비주얼 맵의 기본 구조를 먼저 파악한 뒤에 당신의 생각을 적용해보는 것이 중요하다.

1. 비주얼 맵은 초상화 포맷(세로)보다 풍경화 포맷(가로)으로 그리는 게 좋다. 어떤 종이든 가로로 놓고 생각의 풍경을 펼쳐내 보자.
2. 종이의 한 가운데서부터 그리기 시작해라. 비주업 맵의 기본 구조는 중앙에서 방사선 모양으로 생각의 가지가 뻗어나가는 것이다. 먼저 중심 주제를 나타내는 그림을 한 가운데에 그리고 적절한 이름을 붙여라.
3. 중심 주제에서 뻗어나가는 생각의 가지들을 그려라.

4. 각각의 가지들에도 알맞은 단어로 이름을 붙여라. 한 단어로 정리할 수 없으면 되도록 심플한 문장을 만들어 보자.

5. 이제 하부 가지들로 비주얼 맵의 구조를 마무리짓고 역시 이름을 붙인다.

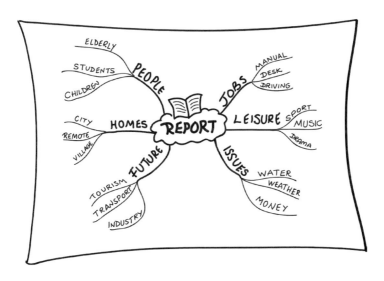

6. 하부 가지들의 개념을 시각적으로 잘 표현해주는 그림들을 덧붙인다.

7. 일단 완성된 비주얼 맵을 찬찬히 살펴보면서 개념들의 위계 관계가 납득할 만하게 정리되었는지 체크한다. 예를 들어 상위 개념으로 옮길 만한 하위 개념은 없는지, 또는 그 반대의 경우는 없는지를 결정한다.

8. 깨끗한 종이에 비주얼 맵을 다시 옮겨 그린다. 그러면서 그림들을 조금 더 다듬고 모든 것이 제자리를 잡고 있는지도 최종적으로 확인한다.

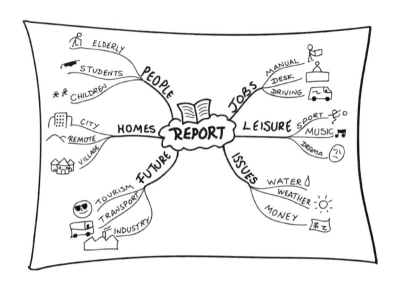

## 그밖에 세부적으로 챙겨야 할 사항들

✎ 비주얼 맵을 구성하는 가지들은 되도록 페이지 전체에 고르게 분포되도록 하자— 가지들이 고르게 분포되어 있으면 잘 자란 나무를 볼 때처럼 시각적으로도 편해질 뿐만 아니라, 상대방에게 좀더 신뢰감을 느끼게 할 수 있다.

✎ 색 활용— 마치 복잡한 전선들도 색 구분을 통해서 어느 정도 정리가 되듯이, 당신의 비주얼 맵에도 적절하게 색을 입히면 훨씬 체계적으로 보일 수 있다. 특히 어떤 개념들이 반복된다면 그 개념들만 별도의 색을 입혀서 표현해보는 것을 고려해 보라.

✎ 흘려쓰지 마라— 그림과 달리 글씨는 되도록 정자로 써라.

영어로 쓴다면 비주얼 맵에서는 대문자가 좋다.

✎ **한 단어의 힘**— 어떤 개념을 좀더 길게 설명해 놓아야 하지 않을까 고민하지 마라. 상대의 기억에 가장 잘 남는 건 당신이 선택한 바로 그 한 단어다.

✎ **이미지를 빼먹지 말자**— 어떤 가지에는 그림이 있고, 어떤 가지에는 그림이 없고, 이렇게 뒤죽박죽이 되어서는 안 된다. 모든 가지들에 적당한 이미지들을 덧붙이자. 조금 더 고민해보면 필요한 이미지를 분명히 떠올릴 수 있을 것이다.

✎ **가지의 이름과 관련 이미지는 되도록 가까이**— 어떤 개념을 나타내는 단어와 그림은 단짝처럼 꼭 붙어다녀야 한다. 어설프게 간격을 벌려놓으면 다른 개념과 연결된 것으로 착각할 수 있으므로 가능한 한 서로를 가까운 데 두자.

✎ **주요 개념은 좀더 큰 글씨와 그림으로**— 사람들은 크게 쓰여진 게 더 중요한 것이라고 생각하기 마련이다. 예를 들어 우리는 책을 펼쳐서 소제목들의 크기를 보는 순간 내용들의 위계관계를 눈치챌 수 있다.

✎ **단순한 이미지**— 비주얼 맵에는 그려야 할 이미지들이 많기 때문에 되도록 그림들을 단순화해야 한다. 당신이 사람들 앞에서 그림을 실시간으로 그릴 때는 더더욱 그렇다.

✎ **글자는 또 하나의 이미지**— 만약 '높은'이라는 단어를 써야 한다면 글자를 조금 더 길쭉하게 써보자. 그리고 '부채(빛)'라는 단어는 빨갛게 칠해보자. 한결 더 강렬하게 메시지가 전달 될 것이다. 물론 모든 경우에 어울리지는 않겠지만 이렇게 글자도 얼마든지 눈에 띄는 이미지처럼 쓸 수 있다는

점을 염두에 두고 필요한 경우에 과감하게 활용해 보자.

✎ **하얀 여백도 정보다**― 비주얼 맵의 가지들을 너무 빽빽하게 채우면 정보의 명확성이 떨어진다. 여백을 충분히 고려하면서 가지들을 그려야 여러 개념들이 한눈에 들어오고 시각적으로도 안정감 있는 비주얼 맵이 된다.

## 실전 비주얼 맵

당신이 비주얼 맵을 처음부터 끝까지 실시간으로 그리려고 한다면 앞서 설명한 비주얼 맵 그리는 순서를 미리 잘 숙지해놓는 게 좋다. 물론 처음에는 능숙하지 못 하고 느리겠지만 당신의 생각이 한번에 전달될 수 있으니까 느려도 느린 게 아니다.

비주얼 맵을 당신의 프레젠테이션에 적용하면서 또 한 가지 고려해 볼 수 있는 방식은 청중들에게 비주얼 맵을 다시 그려보라고 요청해 보는 것이다. 물론 이 방법이 모든 프레젠테이션에 어울리는 것은 아니지만, 학생들을 대상으로 한 교육강좌나 트레이닝 성격이 강한 회의 등에 적용해 보면 발표자도 놀라고 청중들도 놀랄 만한 효과를 거둘 수 있다는 걸 내가 보장할 수 있다.

먼저 당신이 청중들 앞에서 멈춤 없이 비주얼 맵을 주욱 그려나가자. 그리고 비주얼 맵이 그려진 화이트보드를 돌려놓거나 플립차트를 넘겨서 그림을 가린 다음, 청중들에게 A4용지를 나눠주고 방금 본 비주얼 맵을 기억나는 대로 다시 그려보라고 한다. 그냥 그렇게 진행해도 되지만 기억을 좀더 쉽게하기 위해서 빈 차트에 비주얼 맵의 핵심 가지들만을 다시 그려놓아도 된다. 내가 경험한 대부분의 학생들은 완벽하게는 아니더라도 내가 그린 비주얼 맵의 상당 부분을 쉽게 기억해내면서 술술 그림을 그렸는데, 그건 "제가 이렇게 기억력이 좋지는 않았는데요!" 라고 말하면서 학생들 스스로도 놀랄 만한 성과였다. 이런 성과가 발표장에 긍정적인 기운을 가져다줘서 학생들의 학습의욕을 강화시키고 자신감을 증폭시켰음은 물론이다.

## 비주얼 맵으로 소통할 때의 이점들

### 많은 정보를 한눈에

비주얼 맵은 전체 주제와 그에 따른 세부 주제들을 직관적으로 보여주기 때문에 당신이 상대에게 전달해야 하는 정보량이 많을 때 아주 효율적이다.

### 신선함

일반적인 비즈니스 프레젠테이션에 익숙해져 있는 사람들에게 비주얼 맵은 신선함 그 자체다. 또한 각종 디지털 장비들에 익숙해져 있는 사람들 앞에서 당신이 직접 손으로 비주얼 맵을 그린다면 그 자체로 차별화된 프레젠테이션이 된다. 정보를 전달하는 방식이 신선하면 당신이 전달하려는 정보 그 자체도 신선하게 느껴질 수 있다는 걸 염두에 두자.

## 언제 어디서든

비주얼 맵을 그리기 위해서는 많은 것이 필요치 않다. 당신에게 종이 한 장, 연필 하나만 있으면 최신 프레젠테이션 장비를 사용한 것 못지 않게 자신의 생각을 다채롭고 일목요연하게 전달할 수 있다.

## 즐겁다!

손으로 뭔가 그려본다는 건, 당신이 상상하고 있는 것 이상으로 예기치 못한 즐거움을 준다. 또한 그림은 개개인의 개성이 강하게 드러나기 때문에 서로의 그림을 보는 그 자체만으로도 서로에 대한 이해의 폭이 넓어지기도 한다. 못 그려도 탓할 사람은 없다. 오히려 소통하기 위한 당신의 노력이 상대방에게 좋은 인상을 줄 것이다. 지금 당장 펜을 들고 당신 머릿속의 비주얼 맵을 그려보자.

## 📑 요약

- ✎ 어떤 정보를 전체적으로 조망할 필요가 있을 때, 혹은 5~7개의 섹션으로 나눌 수 있는 주제가 있을 때, 비주얼 맵으로 시각화해 보자.
- ✎ 중앙에서부터 뻗어 나온 가지들을 그리고, 또 그 가지들의 하부 가지들을 그린다. 각각의 가지들 사이에는 고르게 간격을 둔다.

✎ 가지들 옆에 가급적 한 단어로 제목을 붙인다.

✎ 필요하다면 여러 가지 색들을 이용해서 각각의 가지들을 확실하게 구분시킨다.

✎ 특별히 강조하고 싶은 섹션이 있으면 그 부분을 그릴 때 목소리에 힘을 주어 설명한다.

✎ 설명하는 동시에 실시간으로 그림을 그리고자 마음 먹었으면 어떤 순서로 그려나갈지 미리 결정해 둔다.

✎ 당신이 그린 비주얼 맵을 청중들이 얼마나 기억하고 있는지 확인하고 싶다면, 그림을 가리고 그들에게 기억나는 대로 다시 비주얼 맵을 그려보라고 요청해 본다.


## 🕐 더 연습하기

다음 3가지 중에서 좀더 마음에 끌리는 주제를 먼저 선택해서 비주얼 맵을 그려보자.

✎ 타부서 사람들에게 업무 협조 요청을 하기 위한 비주얼 맵.

✎ 당신이 즐겨하는 취미생활을 회사 동료들에게 소개하는 비주얼 맵.

✎ 현재 진행 중인 프로젝트를 정리해 보는 비주얼 맵.

# 그림 창고

　다음의 그림들은 비즈니스를 주제로 이야기할 때 일반적으로 쓰일 수 있는 이미지들을 정리해 본 것이다. 그대로 사용해도 좋고 당신의 스타일대로 변경해서 써도 좋다. 그리고 이 그림들이 당신에게 '화통'에 대한 영감을 줄 수 있으면 최고로 좋다.

　*기억하자. 그림은 당신이 설명을 덧붙이기 전까지는 하나의 의미로 고정되지 않는다. 그러므로 같은 그림도 상황에 맞춰 다른 의미로 재활용할 수 있다.*

## Actions — 실행

## Agreement — 협의

 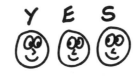

## Collaboration — 협력

## Communication — 소통

## Data — 데이터

## Direction — 방향

## Energy — 에너지

## Expressions — 감정표현

## Goal — 목표

## Global — 국제화

## Ideas — 아이디어

## Innovation — 혁신

## Journey — 여정/과정

## Knowledge — 지식/학습

## Leadership — 리더십

## Manufacturing — 제조/공정

## Obstacles — 장애물/난관

## People at work — 업무

## Performance — 성과

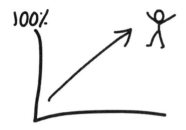  

## Profit — 수익

## Research — 연구

## Retail — 판매/판매처

## Strategy — 전략

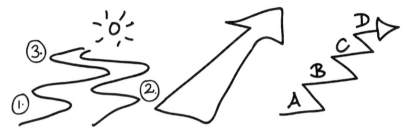

## Time — 시간

# 감사의 글

이 자리를 빌어서 나의 생각의 발전에 영향을 주고, 그렇게 함으로써 이 책을 쓰는 것이 가능하게 만들어 준 모든 분들께 감사의 말씀을 전하고 싶다.

우선, 피어슨 출판사 편집팀에게 큰 감사의 인사를 드린다. 편집장 엘로이즈 쿡은 이 책을 쓰는 내내 통찰력 넘치는 피드백과 의욕을 내게 주었고 이 책의 잠재력을 처음 보았던 사람이다. 그녀가 없었으면 이 책은 결코 세상에 나오지 못했을 것이다. 언제나 놀라운 업무능력으로 날 지원해준 책임 편집자, 멜라니 카터와 루시 카터에게도 감사드린다.

수년간 멘토링과 코칭에 관한 많은 이야기들을 나누면서 나의 아이디어를 다듬어나갈 수 있도록 도와준 버나드 아모스, 패트릭 헤어, 킴벌리 헤어, 나이젤 히스, 제니 히스, 젠 주얼스, 크리스 맥크로스키, 루이즈 롭에게 존경과 함께 감사의 마음을 전한다. 그들이 내게 할애해준 소중한 시간들을 잊지 못할 것이다.

수 나이트, 존 오버드루프, 줄리 실버손, 이안 로스는 내게 NLP(신경언어프로그램)에 대한 많은 가르침을 주었다. 그들 덕분에 나는 여러 강연과 워크샵에서 기대 이상의 성과들을 올릴 수 있었음을 밝혀둔다. 더불어 그 이름들을 일일이 언급할 수는 없지만, 내 그림 강연의 클라이언트들과 청중들, 워크샵에 참여했던 수많은 교사와 학생들, 그리고 꼬마 아이들에게도 감사의 말을 전하고 싶다. 그들과 나누었던 소통의 기억이 이 책을 구성하는 토대가 되었음은 물론이다.

수년 동안 나의 업무를 환상적으로 보조해 주었고 이번에도 역시 원고 교정에 도움을 준, 앤 맥컬로프에게도 특별한 감사를 전한다.

언제나 그렇듯이, 이 책을 쓰는 동안에도 함께 고민해주고 응원해 준 나의 아내 린다에게 변함 없는 사랑을 전한다. 그녀는 이 책을 다듬는 데만 온통 시간을 쏟는 남편을 이해해 줬고 사려깊은 도움으로 원고의 완성도를 높여주었다.

자신들의 열정을 좇는 모습이 오히려 내게 가르침을 주는 두 아들, 데이빗과 앤드류에게도 사랑을 전하면서 그들의 빛이 세상에 밝혀지기를 기원한다.

마지막으로 여전히 나의 영감의 원천이 되어주시는 돌아가신 아버지 빌, 그리고 어머니 메리께도 감사를 드린다. 나는 이 책을 두 분께 바치고 싶다.

# Free Drawing Space

# Free Drawing Space

# 화통의 기술

초판 인쇄　2015년 4월 30일
1쇄 발행　2015년 5월 6일

지은이　그레이엄 쇼
옮긴이　김영수
펴낸이　이송준
펴낸곳　인간희극
등　록　2005년 1월 11일 제319-2005-2호
주　소　서울특별시 동작구 사당동 1028-22
전　화　02-599-0229
팩　스　0505-599-0230
이메일　humancomedy@paran.com

제　작　해외정판
ISBN 978-89-93784-36-7　03320